Entre a Corte
e a Cidade

SÉRGIO BARRA

Entre a Corte e a Cidade

O Rio de Janeiro no tempo do rei (1808-1821)

PREFEITURA
DO RIO DE JANEIRO

JOSÉ OLYMPIO
E D I T O R A

© Sérgio Hamilton da Silva Barra, 2008

Reservam-se os direitos desta edição à
EDITORA JOSÉ OLYMPIO LTDA.
Rua Argentina, 171 – 1º andar
São Cristóvão
20921-380 – Rio de Janeiro, RJ
República Federativa do Brasil
Tel.: (21) 2585-2060
Fax: (21) 2585-2086
Printed in Brazil / Impresso no Brasil

Atendemos pelo Reembolso Postal

ISBN 978-85-03-01018-4

Capa: VICTOR BURTON sobre detalhes de aquarelas de Jean-Baptiste Debret. Museus Castro Maya

Caderno de fotos: ACERVO DA FUNDAÇÃO BIBLIOTECA NACIONAL, BRASIL

Cesar Maia
PREFEITO

Comissão para as comemorações pelo bicentenário da chegada de D. João e da Família Real Portuguesa ao Rio de Janeiro

Alberto da Costa e Silva
COORDENADOR

Ricardo Macieira
SECRETÁRIO MUNICIPAL DAS CULTURAS

André Zambelli
SECRETÁRIO MUNICIPAL DO PATRIMÔNIO CULTURAL

Ágata Messina
SECRETÁRIA ESPECIAL DE COMUNICAÇÃO SOCIAL

Paulo Bastos Cezar
SUBSECRETÁRIO DE TURISMO

CIP-Brasil. Catalogação-na-fonte
Sindicato Nacional dos Editores de Livros, RJ.

B248e

Barra, Sérgio Hamilton da Silva
    Entre a corte e a cidade: o Rio de Janeiro no tempo do rei (1808-1821) / Sérgio Barra. – Rio de Janeiro: José Olympio, 2008.
    il.

Inclui bibliografia
ISBN 978-85-03-01018-4

1. Rio de Janeiro (RJ) – História – Aspectos Sociais. 2. Brasil – História – D. João VI, 1808-1821. I. Título.

CDD – 891.531
CDU – 94(815.31"1808-1821"

08-0161

Rio de Janeiro, cidade mais ditosa do Novo Mundo! Rio de Janeiro, aí tens a tua augusta rainha, e o teu excelso príncipe com a sua real família, as primeiras majestades, que o hemisfério austral viu e conheceu. Estes são os teus soberanos e senhores, descendentes e herdeiros daqueles grandes reis, que te descobriram, te povoaram, e te engrandeceram, ao ponto de seres de hoje em diante a princesa de toda a América, e Corte dos senhores reis de Portugal; enche-te de júbilo, salta de prazer, orna-te dos teus mais ricos vestidos, sai ao encontro aos teus soberanos; e recolhe com todo o respeito, e veneração, e amor o príncipe ditoso, que vem em nome do Senhor visitar o seu povo.

SANTOS, Luís Gonçalves dos. *Memórias para servir à história do reino do Brasil*, vol. 1, p. 174

Sumário

Apresentação	9
Agradecimentos	11
Introdução	15
Em memória do rei	33
A memória do presente	42
A memória do futuro	61
A Corte civiliza	76
Transformações na *urbs* colonial	97
Rio de Janeiro, Corte e Cidade-capital	106
Rio de Janeiro, Nova Lisboa	120
Marcos físicos de Civilização	135

O Teatro da Corte 155
A Corte como teatro 165
A Corte no teatro 183

A Cidade dos *Colonizados* 217
A Cidade negra 226
A polícia e o mundo da desordem 245
Conflito e negociação: as irmandades de
 negros e a sua Corte 260

Considerações finais 281

Bibliografia 289

Apresentação

A Comissão para as Comemorações da Chegada de D. João e da Família Real ao Rio de Janeiro incluiu na lista de livros cuja publicação favoreceu a obra inédita de Sérgio Hamilton da Silva Barra, *Entre a Corte e a Cidade: O Rio de Janeiro no tempo do rei*, por se tratar de um trabalho de alta qualidade, com uma visão original das transformações vividas durante o período joanino e do diálogo entre os modos de vida trazidos de Lisboa e os que prevaleciam numa urbe que, tanto nas ruas quanto no interior das casas, mais parecia africana e asiática do que européia. Trata-se de uma bela contribuição, que merece ter muitos leitores, à história da cidade do Rio de Janeiro no início do século XIX e da presença de D. João e da Corte portuguesa no Brasil.

A Comissão

Agradecimentos

O trabalho a que o leitor agora tem acesso foi escrito originalmente como dissertação de mestrado, apresentada ao Programa de Pós-graduação em História Social da Cultura da Pontifícia Universidade Católica do Rio de Janeiro (PUC-Rio) em setembro de 2006. Sua publicação deve-se exclusivamente ao seu reconhecimento pelo embaixador Alberto da Costa e Silva, presidente da Comissão D. João VI, da prefeitura da Cidade do Rio de Janeiro, encarregada do calendário oficial de comemorações dos 200 anos da chegada da Família Real portuguesa ao Rio de Janeiro. Portanto, tenho o dever e o prazer de começar esses agradecimentos pela Comissão D. João VI/Prefeitura do Rio, na pessoa do embaixador Alberto da Costa e Silva.

Só agora posso passar aos agradecimentos a todos aqueles que participaram direta ou indiretamente do processo de escrita deste trabalho ao longo dos anos de 2004 e 2005. Pois, por mais solitário que possa parecer, ou que realmente seja, o ato de escrever uma dissertação ou uma tese é, em verdade, um trabalho de equipe. Pois, se por um lado, é da exclusiva responsabilidade do autor a escrita; por outro, ela não poderia ser feita sem o auxílio e a colaboração de muitas outras pessoas, a quem cumpre agradecer.

Dessa forma, gostaria de agradecer ao professor Ilmar Rohloff de Mattos a orientação acadêmica atenciosa e, ao mesmo tempo, rigorosa da pesquisa. Continuo com a certeza de que, mais do que um orientador, ganhei um amigo nesse processo. Outro amigo a quem quero agradecer é o professor Antonio Edmílson Martins Rodrigues, onipresente na minha vida acadêmica desde os tempos da graduação.

Gostaria ainda de agradecer aos colegas de ofício que me acompanham desde a época da graduação, dos quais tenho o prazer de desfrutar da amizade até hoje e, quiçá, por muito tempo ainda. Pessoas com quem a interlocução intelectual ajudou, e ainda ajuda sempre, a superar obstáculos acadêmicos e a resolver até os problemas aparentemente mais insolúveis: Felipe Charbel, Marcelo Rangel, Daniel Pinha, Amanda Danelli e Felipe Eugênio.

Por fim, não é possível esquecer os apoios institucionais. Dessa forma, quero agradecer a todo o pessoal do Departamento de História da PUC-Rio, na pessoa da secretária Edna Maria Lima Timbó; ao pessoal da sala de consulta do Arquivo Nacional, onde fiz a quase totalidade das pesquisas para a elaboração da dissertação, na sempre atenciosa e prestativa pessoa de Joyce Helena Köhler Roehrs; e à Pontifícia Universidade Católica do Rio de Janeiro e à Capes as bolsas concedidas.

Introdução

Era no tempo do Rei. Uma negra velha descia o Morro do Castelo pela ladeira da Misericórdia, fiando enquanto caminhava. Ao chegar à curva da ladeira de onde se avistava, de súbito, o centro comercial da cidade e seu porto não pôde conter a exclamação: "Como este Rio de Janeiro ficou grande!"

Quem narra esse episódio é o comerciante inglês John Luccock, que chegou ao Rio de Janeiro poucos meses após a publicação da Carta Régia de abertura dos portos por D. João.[1] O motivo da exclamação da negra foi, segundo Luccock, não só o número de novas

---

[1] LUCCOCK, J. *Notas sobre o Rio de Janeiro e partes meridionais do Brasil, tomadas durante uma estada de 10 anos nesse país, de 1808 a 1818*, p. 28.

edificações, mas principalmente a visão de inúmeras velas de navios mercantes e de carreira ancorados no porto.

A instalação da Corte portuguesa no Rio de Janeiro e a transformação da capital da colônia em sede do Império português propiciaram uma série de mudanças tanto no aspecto físico da cidade quanto nas formas de comportamento de, pelo menos, uma parcela da sua população, que adaptavam a cidade à sua nova função. O crescimento da circulação de mercadorias e pessoas no porto da cidade, que se seguiu à decretação das Cartas Régias de abertura dos portos e de liberação das indústrias, observado pela negra que descia do Morro do Castelo, é um símbolo dessas transformações. Além da ampliação nos negócios, a cidade vê nesse período um aumento significativo no seu número de habitantes (que, segundo alguns autores, praticamente dobrou entre 1808 e 1821),[2] incrementado pelos incontáveis emigrados portugueses, por europeus de diversos países e por habitantes de outras capitanias que não cessaram de chegar ao longo dos treze anos de permanência da Corte portuguesa no Rio de

---

[2] A esse respeito, ver a obra do próprio LUCCOCK, op. cit., p. 28. Ou ainda SILVA, J. L. W. da. "O crescimento da cidade do Rio de Janeiro: de cidade colonial à Corte imperial 1763-1831". In: SILVA, J. L. W.; NEDER, G.; NARO, N. *A polícia na Corte e no Distrito Federal*, p. 17.

Janeiro. Assim como também não cessaram de chegar novas levas de escravos vindos da África e de outros locais da colônia.

As transformações ocorridas pela vinda da Família Real expressaram-se também na imposição aos habitantes da cidade de novos padrões de comportamento público e privado, mais adequados ao convívio na Corte e aos novos espaços de sociabilidade freqüentados pela nobreza e pela *boa sociedade* do Rio de Janeiro, dos quais a Ópera é o melhor exemplo.

Quanto ao aspecto físico da cidade, a instalação da Corte e o aumento no número de habitantes impulsionaram a expansão dos limites geográficos do núcleo urbano; demandou grande investimento em obras de melhoria da precária infra-estrutura da cidade; suscitou a preocupação com a fachada na construção dos imóveis e determinou a refuncionalização de diversos espaços tradicionais (como o Convento do Carmo e a Casa da Câmara e Cadeia), no intuito de abrigarem os serviços do Paço e órgãos da administração do Império português.

Os contemporâneos interpretavam essas transformações urbanas e sociais como a difusão de uma *Civilização*, cujo estopim foi a instalação da Corte na capital da colônia. Para eles, as alterações físicas no espaço da cidade e a imposição de um novo padrão de comportamento, que condenava velhos hábitos e costumes oriundos do período colonial, difundiam na nova capital do Império português os elementos daquilo que era considerado o ideal europeu de *Civilização*. O padre Luís Gonçalves dos Santos, principal cronista e panegirista do reinado de D. João, no Rio de Janeiro, fez um elogio das medidas tomadas pelo príncipe regente, e depois rei, de Portugal, que na sua interpretação teriam o intuito de tirar a colônia da situação de *barbárie* em que até então vivia, como se aquele estado de coisas não tivesse sido obra da própria Coroa portuguesa. Gonçalves dos Santos elenca os elementos daquele que era visto como um verdadeiro *processo civilizador*:

> Tudo isto vemos hoje, senão com admiração, porque estas coisas insensivelmente se fazem diante dos nossos olhos, certamente com gratidão à augusta presença do senhor D. João VI, com a qual este país de rude e agreste vai aos poucos povoando-se, civilizando-se, e embelecendo-se, bem como depois de um rigoroso inverno se anima, reverdece e floresce a natureza com a chegada da risonha primavera. Sim, com a vinda de Sua Majestade para o Brasil extinguiu-se o antigo sistema colonial, que não permitia aos brasileiros mais do que agricultura, o trabalho das minas do ouro, e as artes fabris indispensáveis, sem as quais não podem os homens viver em sociedade. *Mas, apenas chegou Sua Majestade, quando logo franqueou o comércio, permitiu a indústria, facultou as artes,*

e ciências, admitiu os estrangeiros, mandou abrir estradas, facilitou a comunicação dos povos e, entre outros bens, que nos concedeu, promoveu a civilização. Ora todos sabem quanto poder tem ela sobre os homens, e sobre o terreno, que eles habitam, por mais rudes e bárbaros que tivessem sido.[3] [grifos meus]

A tentativa de construção dessa *Europa possível* nos trópicos, na expressão de Afonso Carlos Marques dos Santos,[4] foi feita sob a fiscalização da Intendência Geral de Polícia da Corte e do Estado do Brasil, comandada pelo conselheiro Paulo Fernandes Vianna. Órgão de múltiplas atribuições, que incluía desde os serviços de urbanização da cidade até o controle da entrada de idéias revolucionárias na colônia, e que tinha como principal função difundir e manter essa *civilização*, sob os seus diferentes aspectos, na nova capital do Império.

Mas nem tudo era mudança no Rio de Janeiro de D. João. Com a narração da história da negra descendo o Morro do Castelo, Luccock quer nos fazer crer que o vulto das mudanças não passava despercebido

---

[3]SANTOS, L. G. dos. *Memórias para servir à história do reino do Brasil*, vol. 2, p. 122/123.
[4]SANTOS, A. C. M. dos. "A fundação de uma Europa possível". In: *Anais do Seminário Internacional D. João VI: Um rei aclamado na América*, p. 9 a 17.

nem mesmo por aquela parcela da população para quem nada mudou durante esse período. Paradoxalmente, a condição dos negros, livres ou escravos, e demais setores subalternos da escala social era um exemplo das permanências numa época de mudanças e dos limites daquele processo civilizador emanado pela instalação da Corte. Para além da vida na nova Corte, que os cronistas do tempo, como o padre Luís Gonçalves dos Santos, relatam, havia um espaço de sociabilidade distinto, ocupado principalmente pela grande massa de escravos e homens livres e pobres existente no Rio de Janeiro daquela época.

Dessa forma, e essa é a idéia principal deste trabalho, com a instalação da Corte portuguesa no Rio de Janeiro, a cidade se divide em duas: *Corte e Cidade*. *Duas cidades* que são, na verdade, a expressão de duas diferentes *sociabilidades*. A *sociabilidade da Corte*, com a criação de novos espaços-símbolo de civilização (como o teatro, o museu ou a imprensa) e a adoção de comportamentos *civilizados* à maneira das Cortes européias, que chegam ao porto do Rio de Janeiro com as mercadorias inglesas e francesas; e por outro, a *sociabilidade da Cidade*, que se expressava no comportamento daqueles habitantes que haviam nascido e crescido na cidade, fruto de séculos de contato direto com as colônias portuguesas do Oriente; e nos hábitos da grande massa de negros e mestiços, homens livres e pobres que povoavam as ruas do Rio de Janeiro. Não uma cidade partida, mas *duas cidades* que, *sobrepostas*, passam a coabitar o mesmo espaço, sem limites geográficos entre uma e outra. *Duas cidades* que, apesar de divergentes em muitos pontos, não existiam isoladamente, que, por dividir o mesmo espaço, apresentavam necessários pontos de contato, trânsito e trocas culturais.

A divisão é mal percebida pela historiografia que, na sua maioria, se ocupou apenas de um ou outro aspecto da vida no Rio de Janeiro desse período, de acordo com a intenção do autor, deixando de prestar atenção à interação existente. Se por um lado temos obras mais ligadas à narrativa de fatos políticos, como a de Oliveira Lima, que ressaltam o papel do Rio de Janeiro como sede da Corte portuguesa, pouca atenção dando à presença nada desprezível dos escravos e homens livres e pobres nesse espaço;[5] por outro, temos estudos recentes, ligados à História Social, que se concentram na análise desses setores sociais, principalmente dos escravos, nesse mesmo período.[6] À pergunta se o Rio de Janeiro era à época uma cidade

---

[5] LIMA, O. *D. João VI no Brasil*. Às quais se podem somar também as crônicas contemporâneas como a de Luís Gonçalves dos Santos.
[6] Da qual podem ser tomados como exemplos os livros de KARASCH, M. *A vida dos escravos no Rio de Janeiro*; ALGRANTI, L. M. *O feitor ausente*; ou SILVA, M. R. N. da. *Negro na rua*.

portuguesa, como sugere a obra de Oliveira Lima, ou uma cidade negra, como sugere o trabalho de Mary Karasch, proponho uma terceira alternativa: as duas coisas. Nem uma *Nova Lisboa*, nem uma *Nova Guiné*. A cidade apresenta uma dupla face que deve ser analisada em conjunto.

Enquanto Corte e, por isso, centro de irradiação do *processo civilizador* da matriz européia para o restante do território da colônia portuguesa da América,[7] o Rio de Janeiro acabou, muitas vezes, no discurso de cronistas assim como na historiografia, por se identificar à totalidade do território. Identificação que se fortaleceu na medida em que a cidade continuou a ser a capital do Brasil, já independente de Portugal, durante os períodos imperial (1821-1889) e republicano (1889-1960), continuando também a servir como pólo irradiador de outros projetos civilizacionais.

Durante o Império, principalmente no Segundo Reinado, como explicou Ilmar R. de Mattos, a necessidade da centralização do poder e da integração do vasto território do Império do Brasil impunha a implementação de um projeto civilizacional que devia propagar-se em círculos concêntricos a partir da Corte

---

[7] Como explicou Norbert Elias, durante o Antigo Regime não era propriamente a cidade que influenciava o país, mas a Corte e sua sociedade. A cidade apenas imitava a Corte. ELIAS, N. *A sociedade de Corte*, p. 62.

e atingir as províncias mais afastadas com uma dupla tarefa de *manutenção da ordem* e *difusão da civilização*.[8] Dessa forma, no reinado de D. Pedro II, o Rio de Janeiro exerce fortemente a função de espaço de exemplaridade de uma nação civilizada.

No período republicano essa identificação entre Rio de Janeiro e Brasil se acentua. Principalmente nas primeiras décadas do século XX, quando a cidade volta a ser o centro irradiador de um projeto civilizatório, expresso no processo radical de reestruturação do seu espaço urbano, comandado pelo prefeito Francisco Pereira Passos (1903-1906), que não somente modificou a aparência física como procurou disciplinar o comportamento da população que circulava pelo seu centro *saneado*. "O Rio civiliza-se!", era a palavra de ordem da época, divulgada em jornais e revistas. As reformas tinham como intuito adaptar a cidade aos moldes de uma economia burguesa-capitalista, num processo de inserção compulsória do país à *belle époque*.[9] A capital do país deveria servir de *vitrine* para os povos estrangeiros, tendo em vista a captação de investimentos externos; mas, ao mesmo tempo, deveria, igualmente, ser o *espelho* no qual se pretendia ver refle-

---

[8]MATTOS, I. R. de. *O tempo Saquarema*.
[9]Como o denominou SEVCENKO, N. "A inserção compulsória do Brasil na *belle époque*". In: *Literatura como missão*, p. 25-68.

tida a auto-imagem construída pelas elites dominantes para toda a nação.[10]

Porém, procuro mostrar que a idéia de implantar um *processo civilizador* que fizesse do Rio de Janeiro o símbolo do *progresso* ou da *civilização* da nação fosse portuguesa ou brasileira é muito anterior aos primeiros anos da República. Chamar a atenção para a vigência, já no período joanino, de um projeto civilizatório que, a partir da capital da América portuguesa, deveria se espalhar por todo o seu território[11], permite ressaltar a antiguidade desse discurso que identifica a cidade do país.

Nos primeiros anos da República, esse discurso de identificação que faz da cidade o duplo do país tem um desdobramento que vai dividir a história da cidade em dois momentos. De acordo com o discurso difundido principalmente por cronistas entusiastas das reformas urbanas do início do século XX (como Luiz Edmundo e Olavo Bilac), a história da cidade passará a dividir-se em antes e depois da chamada *regeneração*. Segundo esse discurso, o *pré-regeneração*, ou seja, o Rio de Janeiro das eras colonial e imperial era uma e a mesma coisa, como se desde a sua fundação, até aquele

---

[10] A idéia do Rio de Janeiro como vitrine e espelho devo a KESSEL, C. *A vitrine e o espelho: O Rio de Janeiro de Carlos Sampaio*.
[11] Mas, certamente, não por toda a sua sociedade. Como pretendo deixar claro neste trabalho.

momento, a cidade não tivesse sofrido nenhuma transformação significativa no seu espaço urbano, nem no comportamento dos seus habitantes. Enquanto o Rio de Janeiro *pós-regeneração* seria diametralmente oposto. Essa não diferenciação entre o Rio de Janeiro colonial e o imperial, feita nas primeiras décadas da República, tinha o intuito de associar aqueles dois momentos da vida da cidade com a idéia de *atraso*, enquanto, por um movimento simultâneo, se identificava o Rio de Janeiro republicano, *saneado* e *civilizado* por Pereira Passos, como o lugar da *ordem* e do *progresso*.

O estudo das mudanças propiciadas pela instalação da Corte portuguesa na capital da sua colônia na América é uma forma de rebater essa idéia, implícita no discurso dos cronistas republicanos, de que a cidade era, até o início do século XX, a expressão do *atraso* do país. O período joanino pode ser considerado um marco de distinção entre o que veio antes (o Rio de Janeiro capital da colônia portuguesa da América) e o que virá depois (o Rio de Janeiro capital do Império do Brasil). A observação das mudanças impostas nesse período nos permite ainda vislumbrar o que era considerado, no início do século XIX, hábitos e costumes *tipicamente coloniais*, denominados *atrasados*, *não civilizados*, inadequados para a vida em uma sociedade de Corte. Nesse ponto, o vocabulário mudou muito pouco entre o período joanino e a Primeira República.

O *colonial* continuou sendo símbolo do atraso, variando bastante, porém, o conteúdo daquilo que era considerado *tipicamente colonial*.

O presente trabalho é um convite ao leitor a conhecer essa cidade que se transforma para se adaptar à condição de sede de um Império e ao gosto de uma sociedade de Corte. E que, ao fazê-lo, contraditoriamente, evidencia aquilo que pretende esconder, ou deixar para trás como característico de outra época e de outra situação política e social: suas permanências. Aquilo que ela tem de *tipicamente colonial*.

O nosso passeio pelo Rio de Janeiro de D. João será dividido em quatro momentos. No primeiro, veremos a construção da memória do período de reinado de D. João no Rio de Janeiro. Memória plural, em disputa e em constante reconstrução, ressaltando a transformação dessa memória, no intervalo de pouco mais de um século (entre 1825 e 1937), de uma *memória do* reinado de D. João em uma *memória para* o reinado de D. João. Na última parte desse capítulo, desembarcamos no Rio de Janeiro, em 1808, juntamente com o comerciante inglês John Luccock, e vemos como, imbuído de um ideal iluminista de *Civilização*, ele identifica o caminhar de um *processo civilizador* que altera a situação cultural da antiga colônia portuguesa, ao longo dos seus dez anos de permanência no Brasil. Processo deflagrado sob os auspícios da instalação da

ENTRE A CORTE E A CIDADE

Corte no Rio de Janeiro e, principalmente, sob a influência cada vez maior de europeus vindos dos então considerados centros de *Civilização* (Inglaterra e França) e da difusão de seus hábitos *civilizados* no Rio de Janeiro. A partir de então, a cidade, enquanto Corte, começa a desempenhar o papel de centro difusor de *Civilização* para a totalidade do território da colônia.

No capítulo seguinte, um passeio pelas ruas da cidade permitirá observar as mudanças que o espaço físico sofreu para adaptar-se à sua nova condição de Corte e capital do Império português. Essa sua nova função, de centro difusor de *Civilização*, exige que esse processo civilizador se expresse, em primeiro lugar, no seu próprio espaço urbano e, dessa forma, influencia as transformações urbanas pelas quais a cidade passa para abrigar seus novos habitantes e os órgãos de administração do Império português. O grande volume de obras foi compreendido pelos contemporâneos como expressão em pedra e cal daquele *processo civilizador*. E, se *urbano* era sinônimo de *civilizado* para os contemporâneos de D. João, os *campos da cidade*, espaços não totalmente integrados à malha urbana, eram a representação física dos limites dessa *civilização*. Lugar dos *colonizados* (ciganos, negros, mestiços, escravos, homens livres e pobres), da *outra cidade* que dividia o espaço urbano do Rio de Janeiro com a *Corte*. Durante esse período é possível identificar mudanças e permanências no simbolismo de certos espaços. Em primeiro lugar, no simbolismo da própria cidade, que tem reforçada sua identificação com a antiga capital do Império pelos habitantes de outras partes da colônia, no apelido que ganha de *Nova Lisboa*.

A partir desse ponto, analisaremos cada uma das *duas cidades*, separadamente, procurando apreender suas características. Em primeiro lugar, a *Corte*. A instalação da Corte portuguesa no Rio de Janeiro e, conseqüentemente, de uma *sociedade de Corte*, com suas regras de etiqueta e espaços de sociabilidade próprios (como as cerimônias públicas e o teatro), determina a necessidade de uma mudança de comportamento de uma parcela da população que pretende conviver nessa Corte e usufruir dos privilégios que a proximidade do monarca pode propiciar (como cargos na administração do Império, títulos de nobreza e outras mercês). Ao mesmo tempo, essa população tinha uma forma de comportamento própria da sociedade colonial e de séculos de contato direto com as colônias portuguesas da Ásia. Um bom exemplo é a reclusão feminina e as maneiras à mesa. Comportamentos que não se expressavam apenas na esfera privada, e eram considerados exóticos por ingleses e franceses, que passavam pela cidade nessa época, e inadequado ao convívio na Corte por aqueles que eram os responsáveis por ditar as regras de comportamento nesse novo espaço de sociabilidade. A ação da polícia do teatro mostra o esforço de difusão da civilidade necessária ao comportamento na *Corte* e, ao mesmo tempo, os limites desse processo civilizador.

No último capítulo analiso a outra forma de sociabilidade também existente no espaço urbano do Rio de Janeiro, e que denomino, por contraposição à *sociabilidade de Corte*, de *sociabilidade da Cidade*. Expressão dos grupos sociais não atingidos diretamente pelo processo civilizador emanado da *Corte*: ciganos, negros, mestiços, escravos, homens livres e pobres. A massa dos *colonizados* que ocupava ruas, praças e chafarizes do Rio de Janeiro e que expressava com sua forma de sociabilidade própria um *contraponto* àquele processo civilizador e, ao mesmo tempo, sua *contradição*, na medida em que a *Corte* necessitava da *Cidade*. Sociabilidade que se desenvolvia tendo por base o trabalho realizado em grupo, o jogo da casquinha ou da capoeira, e que aparecia aos olhos dos responsáveis pela ordenação do espaço urbano como expressão de uma *desordem* que cumpria à polícia organizar e circunscrever. Tarefa que se tornava mais difícil na medida em que a própria polícia participava, muitas vezes, dessa *desordem,* por ser constituída pelos mesmos elementos que compunham a sociabilidade da *Cidade*. Mas a interação entre as *duas cidades* não se dava apenas com base no conflito. A existência autorizada de irmandades de negros e mulatos, que contavam com sua própria Corte (a do rei Congo), é um exemplo de relação de negociação que deveria necessariamente existir *entre a Corte e a Cidade*.

ENTRE A CORTE E A CIDADE:
O RIO DE JANEIRO NO
TEMPO DO REI (1808-1821)

Em memória do rei

Na manhã do dia 7 de março de 1808, os habitantes da cidade de São Sebastião do Rio de Janeiro foram surpreendidos pelos tiros das fortalezas que defendem a baía de Guanabara, avisando que se aproximavam os navios da esquadra real portuguesa, trazendo a rainha D. Maria I e o príncipe regente D. João. Mas, na verdade, a população não foi surpreendida. Havia muito que ela esperava tais sinais, desde que, em 14 de janeiro, o brigue *Voador* chegara com a notícia de que toda a Família Real e muitos nobres da Corte portuguesa haviam embarcado com destino ao Rio de Janeiro em 29 de novembro do ano anterior. Logo a 17 de janeiro as fortalezas deram, pela primeira vez, aqueles mesmos sinais, avisando que chegava a esquadra real. No entanto, naquela ocasião, chegava apenas parte da frota, separada do restante por uma tempestade no Atlântico oito dias antes. Eram as naus que traziam a princesa do Brasil, D. Maria Francisca Benedita, a infanta D. Mariana (irmãs de D. Maria I) e as infantas D. Maria Francisca e D. Isabel Maria (filhas de D. João). Entre decepcionado e temeroso por não saber *que fim haviam levado* as naus que traziam a rainha e o príncipe regente, os habitantes receberam, dois dias depois da chegada das infantas, a notícia de que os soberanos portugueses tinham desembarcado, sãos e salvos dos perigos da travessia do oceano Atlântico, em Salvador, em 21 de janeiro. Depois de mais de um mês de estada na Bahia, naquela manhã de 7 de março, quando as fortalezas voltaram a dar as salvas de tiros, eram realmente as naus trazendo D. Maria I e D. João.

O padre Luís Gonçalves dos Santos, também conhecido como padre Perereca, nas suas *Memórias para servir à história do reino do Brasil*, narra o acontecimento baseando-se na autoridade de quem diz tê-lo presenciado, e mostrando-o como um evento extraordinário na vida dos habitantes da cidade:

> Com efeito, apenas, ao romper do feliz, e sempre memorável dia 7 de março, se fizeram da barra os sinais determinados, anunciando a chegada da real esquadra, toda a cidade, concebendo o maior, e mais vivo contentamento, se pôs logo em alvoroço, movimento e confusão.

Suspenderam-se todos os trabalhos, tanto públicos, como particulares, fecharam-se quase todas as lojas, e tendas e grande parte das casas ficaram despovoadas dos seus moradores; os quais correram para os altos, donde se avistava a barra, outros procuraram as praias fronteiras à mesma, estes buscavam embarcações para sair ao mar ao encontro do seu príncipe, e senhor, (...) aqueles se ocupavam em adereçar as casas para os novos hóspedes, os soldados corriam para os seus quartéis, os milicianos para as portas dos seus chefes; enfim, tanto em terra, como no mar se divisavam os mais decisivos sinais de um contentamento inexplicável.[12]

Pressionado pela ameaça de uma invasão de Portugal por tropas francesas e pelos interesses comerciais do tradicional aliado britânico, o plano de transferência para a América se apresentou, no final de 1807, como a melhor alternativa para preservar a monarquia portuguesa. O julgamento posterior sobre a transferência da Corte portuguesa para o Brasil oscilou, ao longo do tempo, entre sua consideração como uma cartada política genial, que salvou o reino e preservou a monarquia, por um lado; e uma decisão repentina, adotada como recurso extremo e irrefletido em um

---
[12]SANTOS, L. G. dos. *Memórias para servir à história do reino do Brasil*, tomo 1, p. 174.

momento de pânico incontrolável por outro.[13] O padre Luís Gonçalves dos Santos alia-se ao primeiro grupo e, no intuito de enaltecer a decisão do monarca português, afirma que o clima de confusão e aparência de fuga de que teria se revestido o embarque da Família Real, em Lisboa, ocorreu devido ao "inesperado" da invasão dos franceses, que teriam "entrado com formidável exército pela fronteira do reino com aparência de amizade, e sob o pretexto de auxílio contra os ingleses".[14] Mas, ao improviso do embarque no reino sucederam-se as festividades pela chegada da Família Real na colônia. Para o padre Gonçalves dos Santos, a presença do rei no Rio de Janeiro compensava a perda de Portugal para os franceses:

> Todos enfim lamentam a desgraça da Nação, e temem um horroroso futuro de males; porém ao mesmo tempo mitigava, e suavizava a geral consternação o contenta-

---

[13]Para o historiador e diplomata brasileiro Oliveira Lima (1867-1928), podia dizer-se que a transferência da sede da monarquia portuguesa para sua colônia americana "era um alvitre amadurecido, porquanto invariavelmente lembrado em todos os momentos difíceis atravessados pela independência nacional" (LIMA, O. *D. João VI no Brasil*, p. 43); enquanto que para o historiador português Oliveira Martins (1845-1894), o embarque no cais de Lisboa assumiu o aspecto do "levantar de uma feira" (MARTINS, O. *História de Portugal*, p. 516), com cortesãos correndo pelas ruas e cada um procurando salvar-se a qualquer custo sem se preocupar com as outras pessoas.

[14]SANTOS, op. cit., tomo 1, p. 167.

mento, que simultaneamente todos sentiam pela salvação de Sua Alteza, e da real família, e pela venturosa sorte, que nos coube de vermos brevemente o nosso amado príncipe, e que fosse a nossa cidade, com preferência a outra qualquer de seus domínios, escolhida por S.A. para assento da sua Corte no Brasil.[15]

Em suas *Memórias*, o padre Gonçalves dos Santos tem a intenção de fazer a crônica daqueles que ele considera os principais atos administrativos de D. João durante sua permanência no Brasil.[16] Mas, pelo tom superlativo e pela profusão de adjetivos que utiliza, percebe-se logo que o registro objetivo de fatos a que sua obra se propõe transforma-se, desde o início, em um panegírico do governo de D. João. Todas as medidas tomadas por aquele monarca são avaliadas pelo autor como acertadas e necessárias para tirar a cidade do estado de *barbárie* a que a situação de colônia a condenava. Dessa forma, com a chegada do príncipe

---

[15]Ibid., p. 168.
[16]Luís Gonçalves dos Santos nasceu no Rio de Janeiro, a 25 de abril de 1767. Em 1794, recebeu as ordens sacras, e decorridos dois anos ascendeu ao presbiterado. Foi professor de gramática latina no Seminário da Lapa, no Rio de Janeiro, aposentando-se em 1825 por motivo da surdez, que o impossibilitava de exercer o magistério. Quando, então, termina de escrever as suas *Memórias*, iniciadas em 1820. Faleceu a 1º de dezembro de 1844, aos 77 anos de idade.

regente inicia-se uma *Época de Felicidade* à qual se sucede uma *Época de Honra* e outra de *Glória* para a história do Brasil, na avaliação do padre cronista e consoante a divisão que este propõe à sua obra:

> Dividi-a em três épocas: na primeira — da Felicidade — narro a venturosa vinda d'El-Rei N. S. com toda a real família (sendo Príncipe Regente) para os seus Estados do Brasil; (...) na segunda — da Honra — menciono a elevação do Brasil à categoria de Reino Unido aos de Portugal, e Algarves, e quanto este rasgo da mais iluminada política foi aplaudido, não só pelos brasileiros, mas também por todas as potências da Europa; na terceira — da Glória — relato a sempre memorável, e gloriosa aclamação do augusto senhor D. João VI, primeiro soberano, que no Novo Mundo cingiu a Coroa; e os públicos testemunhos de um prazer sem igual, que o Rio de Janeiro prestou a S.M. no faustíssimo dia 6 de fevereiro de 1818.[17]

Porém, para outros autores que escreveram sobre o período joanino, essa não foi uma época de Felicidade, Honra ou tampouco Glória para o Brasil. No período republicano da nossa história, na quarta década do século XX, o cronista e imortal da Academia Brasileira de Letras, Luiz Edmundo (1878-1961), faz uma

---

[17] SANTOS, op. cit., tomo 1, p. 34.

imagem de D. João, e do seu período de governo no Rio de Janeiro, muito diversa. Com menos elogios e mais imaginação, Edmundo praticamente segue a narrativa do padre da chegada de D. João ao Rio de Janeiro (o mesmo dia de sol, a mesma correria dos habitantes para o cais etc.), inclusive citando-o, mas não sem uma ponta de ironia:

> Padre Gonçalves dos Santos, que assistiu ao quadro de perto, na sua literatura de confeitos e água-de-flor-de-laranjeira [sic], escreve, deslumbrado: "parecia até que o Astro brilhante, afastando de si todo o obstáculo, como que se regozijava de presenciar o triunfo do Primeiro Soberano da Europa..."
> Esse padre Santos...[18]

O mesmo tom irônico é usado sempre que se refere à narrativa de Luís Gonçalves dos Santos, e percebido também na sua descrição do misto de expectativa e alegria dos colonos pela chegada do seu monarca:

> Que alegria no rosto, e nalma dessa gente! E não há razão para tanto? Aquelas naus amigas, que os "fiéis vassalos da América" vêem dançando, longe, por sobre as ondas verdes e assustadas, não são, apenas, bojos a

---
[18]EDMUNDO, L. *A Corte de D. João no Rio de Janeiro*, p. 70.

conduzir magníficos senhores. Trazem, elas, além de uma rainha, príncipes de sangue real e uma corte disposta a estarrecer e encantar os filhos desta asselvajada terra, coisa bem maior, bem melhor para o triste colono, até então esquecido — a promessa de uma existência a vir, mais humana, mais livre, a esperança de bens que ele jamais fruiu, porém sabe que existem — em outras plagas, onde ao pé da proteção de um Deus, há o carinho de um rei...

Que a vida na colônia, para o nativo, é uma vida de Inferno.[19]

A ironia da narrativa de Luiz Edmundo está na passagem da alegria dos colonos de ter entre si o seu *amado príncipe e senhor*, motivo de "felicidade para os brasileiros, e para todos os portugueses",[20] à frustração daquela esperança de que ele lhes traria dias melhores. Ele procura explicitar o que o padre Luís Gonçalves dos Santos deixa encoberto na sua crônica: que a *vida de inferno* que se levava na colônia era culpa daquele mesmo monarca, que então chegava ao Rio de Janeiro.

A disputa pela memória do reinado de D. João se desdobra numa disputa pela memória dos efeitos daquele reinado na história da cidade. O padre Gonçal-

---
[19]Ibid., p. 72.
[20]SANTOS, op. cit., tomo 1, p. 168.

ves dos Santos se dedica, na introdução da sua obra, a fazer a descrição do estado em que se encontrava o Rio de Janeiro às vésperas da chegada do príncipe regente reiterando, durante essa descrição, a velocidade e o tamanho da mudança pela qual passou a cidade a partir de então, no intuito de ressaltar as benfeitorias trazidas à cidade pela sua presença. Da descrição do Rio de Janeiro pré-joanino sobressai a idéia de que a cidade era, em 1808, um lugar inadequado para receber a Família Real e a Corte portuguesa, e por isso seria modificado pela presença e pela providência de D. João.

Para Luiz Edmundo, ao contrário, nem a cidade do Rio de Janeiro e muito menos o Brasil se beneficiam da estada de D. João. Na visão do cronista republicano, o Rio de Janeiro, que não sofrera melhorias durante todo o período colonial da sua história, vai se manter igual também durante todo o período joanino (e mesmo depois, como veremos mais adiante). Para corroborar sua argumentação, Edmundo recorre ao depoimento de um estrangeiro que viveu aqui, no início do século XIX: "A cidade (...) ainda inspirava nos fins do primeiro reinado, ao inglês Luccock, esta classificação, aliás bem humilhante e triste para nós: 'a mais imunda associação humana vivendo sob a curva do céu'..."[21] Porém, na ânsia de legitimar sua opinião de

---
[21]EDMUNDO, op. cit., p. 610.

que nada mudou na cidade com a permanência da Corte portuguesa, Luiz Edmundo comete um erro crasso que nada tem de inocente. O fato é que o comerciante inglês John Luccock não passou pelo Brasil no fim do primeiro reinado. Antes, viveu aqui entre 1808 e 1818. E sua afirmação, citada por Edmundo, se refere à cidade como ele a encontrou à época de sua chegada ao Brasil.

Entre uma visão e outra, há pouco mais de cem anos de distância. Tempo suficiente para que diferentes projetos de futuro e de nação alterassem a compreensão e a interpretação do passado. De capital da colônia à Corte e capital do Império português, o Rio de Janeiro, na época do rei, passará por uma série de transformações que mais tarde serão esquecidas, apagadas ou olvidadas.[22]

A memória do presente

Podemos descartar como justificativa para explicar tamanha discrepância entre duas narrativas que tratam de um mesmo período histórico, dos mesmos acon-

---

[22] Para uma interessante diferenciação entre esquecer e olvidar, sugiro a leitura de ROSSI, P. "Ricordare e Dimenticare". In: *Il passato, la memória, l'oblio: Sei saggi di storia delle idee*, p. 13 a 34.

tecimentos e das mesmas personagens, como são as do padre Luís Gonçalves dos Santos e de Luiz Edmundo, a idéia de que uma estaria mais próxima da veracidade dos fatos por ser praticamente contemporânea a eles, enquanto a outra, afastada dos fatos por mais de cem anos de distância, estaria mais sujeita a *imprecisões*. Na minha opinião, deve-se descartar essa *pretensão de objetividade* por parte das narrativas e sugerir outra razão para que os autores cheguem ao ponto de *torcer* os fatos, como o faz Luiz Edmundo ao citar Luccock, em justificativa de sua visão do período.

Encontramo-nos diante de uma disputa entre duas diferentes *memórias* do período joanino. Nesse ponto é importante lembrar, em primeiro lugar, que a memória não é um registro objetivo de acontecimentos passados, mas uma *construção feita a partir do presente* de quem lembra. Como nos diz David Lowenthal:

> Ao contrário do estereótipo do passado relembrado como imutavelmente fixo, recordações são maleáveis e flexíveis; aquilo que parece haver acontecido passa por contínua mudança. Quando recordamos, ampliamos determinados acontecimentos e então os reinterpretamos à luz da experiência subseqüente e da necessidade presente. (...) Acima de tudo, a memória transforma o passado vivido naquilo que posteriormente pensamos que

ele deveria ter sido, eliminando cenas indesejáveis e privilegiando as desejáveis.[23]

Construção que implica sempre em uma *seleção* e uma *reinterpretação* dos fatos passados. A memória é uma representação seletiva do passado. Seu atributo mais imediato, segundo Henry Rousso, "é garantir a continuidade do tempo e permitir resistir à alteridade, ao 'tempo que muda', às rupturas que são o destino de toda vida humana".[24] Essa resistência ao longo do tempo é um elemento constitutivo do que se costuma chamar de *identidade* de indivíduos e coletividades.[25] A memória constitui, portanto, um elemento essencial da constituição de identidades. Seleciona-se, dentre os fatos do passado, aqueles que seriam importantes de serem lembrados por ajudar a construir nossa identidade presente.

Devido a essa sua *flexibilidade*, a memória coletiva, informa Jacques Le Goff, foi manipulada de forma freqüente na luta das forças sociais pelo poder, tornando-se uma aliada poderosa dos grupos sociais detentores do poder em sua intenção de preservá-lo ou reforçá-lo.

---

[23]LOWENTHAL, D. "Como conhecemos o passado". In: *Projeto história: Trabalhos da memória*, p. 97/98.
[24]ROUSSO, H. "A memória não é mais o que era". In: AMADO, J.; FERREIRA, M. de M. (org.). *Usos e abusos da história oral*, p. 94.
[25]Entendida como a imagem que uma pessoa ou coletividade faz de si mesma, e que apresenta para si e para os outros.

Desde a Antiguidade, os reis criavam instituições de memória (arquivos, bibliotecas, museus) e promoviam um *programa de memoração* do qual constituíam o centro, gravando na pedra os anais em que narravam seus feitos e estabelecendo quais datas e fatos seriam comemorados e quais seriam subtraídos da memória coletiva. Criavam, dessa forma, uma *memória oficial* do seu reinado. Os esquecimentos e os silêncios da história são reveladores desses mecanismos de manipulação da memória coletiva. Como diz Le Goff, "tornar-se senhores da memória e do esquecimento é uma das grandes preocupações das classes, grupos, dos indivíduos que dominaram e dominam as sociedades históricas".[26]

Também D. João, na sua passagem pelo Brasil, procura construir uma memória oficial do seu reinado. Em primeiro lugar, pela manutenção de um vasto calendário comemorativo de festas em louvor da monarquia.[27] Eram comemorados, em grandes cerimônias

---

[26]LE GOFF, J. "Memória". In: *História e memória*, p. 422.
[27]Como ressaltou Jacques Le Goff, instrumento de medida do tempo individual e coletivo, o calendário é também um dos grandes emblemas e instrumentos do poder religioso ou laico. A instituição e a reforma dos calendários são, tecnicamente, obra de especialistas, em geral astrônomos. Mas a iniciativa e a promulgação das reformas pertencem quase sempre ao poder político, especialmente quando este goza de uma autoridade sagrada mais ainda do que pública. Permite realizar, com o controle do tempo, o controle dos homens nas suas atividades econômico-sociais que, através do calendário, são ritualmente separadas no tempo. LE GOFF, J. "Calendário". In: *História e memória*, p. 477 a 523.

públicas, eventos ordinários como os aniversários da rainha, do príncipe regente e dos demais membros da Família Real. E extraordinários como nascimentos e funerais (como no caso do funeral de D. Maria I, em 1816), o desembarque da Família Real portuguesa em solo americano, o casamento de D. Pedro, em 1817, a coroação de D. João, em 1818, ou mesmo a *entrada* de altos funcionários da monarquia, como o núncio apostólico.[28] O padre Luís Gonçalves dos Santos descreve detalhadamente muitas daquelas comemorações, como o primeiro aniversário de D. João comemorado no Brasil, dois meses após sua chegada, a 13 de maio de 1808:

> A todos é notório com quanto prazer público e aparato militar se costumava festejar nesta capital do Brasil o faustíssimo dia 13 de maio, em o qual, para felicidade da nação portuguesa, o céu nos concedera o nosso augusto Príncipe Regente, o senhor D. João; mas neste ano de 1808, neste abençoado dia, (...) as demonstrações da nossa obediência, e vassalagem foram exibidas com superior pompa militar, e cortesã: com razão, pois tínhamos presente aos nossos olhos o soberano objeto dos

---

[28] Outra data regular de comemoração é aquela que o padre Gonçalves dos Santos denomina de *o dia do nome* dos soberanos. Que nada mais é do que o dia do santo homônimo de algum personagem da Família Real. O de são João, por exemplo, se comemorava, e se comemora até hoje, a 24 de junho.

nossos aplausos (...) Apenas, pois os primeiros resplendores do sol alumiaram o horizonte, quando as fortalezas, e navios de guerra portugueses, e britânicos, surtos no porto, se embandeiraram, dando uma salva real em anúncio de que este dia era um dia de glória para todos os portugueses.[29]

A descrição continua com as salvas de 21 tiros do parque de artilharia postado no largo do Paço especialmente para a ocasião, a apresentação de bandas militares e a cerimônia do *beija-mão* no Paço, da qual participaram as "pessoas mais condecoradas de todas as ordens do Estado".[30] Rodrigo Bentes Monteiro mostrou como, anteriormente à sua vinda para a colônia, o soberano português já era cultuado pelos súditos ultramarinos em festas em louvor à monarquia que, ao mesmo tempo que criavam uma memória real, serviam como uma estratégia de dominação pelo fortalecimento da imagem do rei e da monarquia:

> A adoção de uma estratégia de manifestação mais enfática da Corte portuguesa em Portugal e no estrangeiro, como também nas regiões coloniais, contribuiria para o fortalecimento da imagem do rei brigantino,

---

[29]SANTOS, op. cit., tomo 1, p. 204.
[30]Ibid., p. 205.

(...) visando ao seu reconhecimento e a maior obediência dos vassalos.[31]

O padre Gonçalves dos Santos afirma registrar esses acontecimentos para preservar sua memória para as gerações vindouras (que não tiveram a oportunidade de presenciá-los): "Conheço que para os presentes tudo isto é escusado, e de nenhum merecimento; mas eu escrevo também para os vindouros. A memória das coisas acaba em poucas gerações, e os escritos duram por muitos séculos."[32] Mas as suas *Memórias* tinham também outras intenções. O registro que faz dos acontecimentos do período de permanência de D. João no Rio de Janeiro, além da nítida intenção de louvar o rei (que estava na base desse tipo de escritos), tem também a intenção de construir uma memória sobre o reinado de D. João e, por conseqüência, sobre o nascente

---

[31] MONTEIRO, R. N. B. "Entre festas e motins". In: *O rei no espelho: A monarquia portuguesa e a colonização da América*, p. 279. Essas comemorações serviam ao aumento da *glória* do rei. Palavra-chave à época de Luís XIV (1643-1715), como afirma Peter Burke no seu estudo sobre a construção da imagem daquele monarca francês, a *glória* do rei pode ser entendida como a expressão do seu poder (cf. BURKE, P. *A fabricação do rei,* p. 16). Eram ocasiões para os vassalos darem uma demonstração de sua *obediência* e *vassalagem* ao soberano, como ficou expresso na citação do padre Gonçalves dos Santos. Voltarei a esse assunto mais detalhadamente quando tratar da instalação do cerimonial de Corte na nova sede da monarquia portuguesa na América.
[32] SANTOS, op. cit., tomo 1, p. 59.

reino do Brasil, do qual aquele monarca teria sido o artífice. Segundo Maria Beatriz Nizza da Silva, a história é entendida, no século XIX, como uma construção demasiado monumental e ambiciosa, sendo lugar-comum entre aqueles que então registravam os fatos históricos dizer que apenas escreviam *memórias*.[33] Elas serviriam como *uma espécie de andaime* para a elaboração da história, circunscrevendo-se à coleta e reunião de documentação, que permaneceria tal como foi coligida, sem passar por qualquer processo de interpretação ou de análise. As *Memórias* do padre Gonçalves dos Santos incluem-se nesse tipo de trabalho e sobre elas é que se deveria escrever a história do reino do Brasil:

> Ofereço, portanto, aos meus nacionais, não a História do Brasil, cuja composição é muito superior às minhas forças, tanto físicas, como morais; (...) mas sim, umas Memórias, arranjadas pela ordem cronológica, a fim de facilitar aos futuros historiadores os meios de compor a história deste nascente império, achando já coligidos, e formando um só corpo, os fatos, que por ora andam dispersos, em parte desfigurados, e alheios da verdade, ou que ainda não se escreveram.[34]

Com essa intenção, aquele autor faz uma *seleção* dos fatos *dignos de memória* ocorridos durante o reinado de

---

[33] SILVA, M. B. N. da. "História". In: *Cultura e sociedade no Rio de Janeiro (1808-1821)*, p. 192 a 196.
[34] SANTOS, op. cit., tomo 2, p. 34.

D. João no Rio de Janeiro. Ele fixa as datas, fatos e nomes que *deveriam ser lembrados* na hora em que se fosse escrever a história do reino do Brasil que, certamente, ele não imaginava tão efêmero: a chegada do príncipe regente, a carta régia de abertura dos portos, o alvará de liberdade das indústrias, a criação da Imprensa Régia, a elevação do Brasil a reino, a Aclamação de D. João e outros. Não esquecendo também de *guardar a memória*, para honra e glória futura, daqueles que se arriscaram na travessia do Atlântico acompanhando o príncipe regente. O padre Gonçalves dos Santos cita nominalmente um duque, nove marqueses, cinco condes, um visconde e suas respectivas famílias, além de outros funcionários da Coroa.[35]

Dessa forma, o padre nos fornece uma imagem do reinado de D. João visto, por assim dizer, *de dentro da Corte*.

---

[35]Ibid., tomo 1, p. 190 e 191. Na construção da memória, além de perceber aquilo que foi lembrado pelo memorialista, é igualmente importante prestar atenção nas *ausências*. Ao contrário do que acontece com os outros membros da Família Real, durante toda a narrativa de Gonçalves dos Santos, apenas duas vezes é mencionada a comemoração do aniversário de D. Carlota Joaquina (em 1808 e 1810), não obstante tais comemorações, sem dúvida, realizarem-se todos os anos. Nessa ausência quase completa pode perceber-se, talvez, a forma pela qual a esposa de D. João VI era vista por seus contemporâneos: a estrangeira golpista que, antes da vinda para o Rio de Janeiro, já havia tentado afastá-lo da regência (em 1805) e que, posteriormente, tentara criar um reino independente sob o seu governo na região do Prata, contrariando os interesses da monarquia portuguesa. Sobre o papel político desempenhado por Carlota Joaquina durante sua permanência no Rio de Janeiro, ver AZEVEDO, F. L. N. *Carlota Joaquina na Corte do Brasil*.

O cenário que ele nos apresenta é por demais idílico, onde não se fazem ouvir as vozes discordantes. Os conflitos internos ocorridos durante o reinado de D. João no Rio de Janeiro são minimizados, e prontamente contidos. Como no caso da Revolta Pernambucana de 1817, que é, antes de tudo, inesperada, pois os revoltosos, "uma pequena parte dos seus vassalos, tão insensata, como indigna do nome português",[36] não tinham "motivos alguns, ainda mesmo aparentes, para tanta desobediência, e ingratidão".[37] Mas "os portugueses do Brasil encheram-se de horror, e cada qual se julgou obrigado a defender com as suas pessoas, ou com os seus bens, os sagrados direitos de El-Rei Nosso Senhor".[38]

Como venho ressaltando, toda construção de uma memória atende também, ou principalmente, a interesses presentes. Além de deixar um registro escrito do reinado de D. João para as gerações vindouras e fazer um elogio daquele monarca, a escrita das *Memórias* do padre Gonçalves dos Santos acaba por atender a objetivos de mais imediata importância política. Servindo, pelo uso que delas é feito pelo Estado, aos interesses de construção ou preservação da monarquia. Assim, o registro escrito dos atos do soberano, sempre em tom louvaminheiro, serve para que os seus efeitos políticos

---
[36]SANTOS, op. cit., tomo 2, p. 96.
[37]Ibid., loc. cit.
[38]Ibid., loc. cit.

possam superar não só sua limitação temporal, como afirma o próprio autor, mas também sua limitação espacial. Fazendo com que a *glória* do rei possa se estender aos pontos mais distantes do reino, suscitando a vassalagem de todos os seus súditos. Num exemplo daquela manipulação da memória pelo poder, ao qual Le Goff chamou a atenção.[39] Forte candidato aos prelos da Impressão Régia, as *Memórias* ficam prontas, porém, tarde demais. Quando o reino do Brasil já havia se emancipado pelo movimento de independência.[40] Mas, não por acaso, serão publicadas primeiro em Portugal, onde D. João VI voltara a reinar *absoluto* após fechar, em 3 de junho de 1823, pela força das armas, as Cortes portuguesas, pondo fim à primeira experiência liberal em Portugal.[41] Dessa forma, a narra-

---

[39] Ver páginas 44/45.
[40] Luís Gonçalves dos Santos escreve suas *Memórias* entre 1820 e 1825, oferecendo-as a D. João VI. Para o papel-chave desempenhado pela Impressão Régia na propaganda do reinado de D. João, ver SCHWARCZ, L. M. *A longa viagem da biblioteca dos reis*, p. 249 a 251.
[41] Apesar de ter terminado de escrever suas *Memórias* já no tempo em que D. João havia retornado para Portugal, a estada do príncipe regente no Rio de Janeiro não aparece em nenhum momento, na obra do padre Gonçalves dos Santos, como uma situação transitória. Da mesma forma, a elevação da colônia a Reino Unido aparece como algo premeditado e necessário, e a idéia da criação do Império Luso-brasileiro perpassa toda a sua obra. Império cujas pedras fundamentais e pilares de sustentação foram as cartas régias de abertura dos portos e de liberdade de manufaturas: "Sendo a indústria e o comércio duas das principais bases da prosperidade, e grandeza das nações" (SANTOS, op. cit., tomo 1, p. 200). Português e americano, Gonçalves dos Santos considerava aquela a situação política ideal. Por isso, interrompe sua crônica antes da separação dos dois reinos.

tiva do padre Santos se apresenta não somente como a construção de uma *memória sobre* o reinado de D. João, mas também como a construção de uma *memória oficial do* próprio reinado.

A partir de 1816, D. João lançará mão de outra forma de construção da memória do seu reinado, em caráter oficial desde o seu princípio: o recurso a artistas pensionados pelo Estado. Após a queda de Napoleão e o restabelecimento das relações diplomáticas entre Portugal e França, artistas franceses de diversas especialidades são convidados a trabalhar para a Corte portuguesa no Rio de Janeiro.[42] Chegaram em 26 de março de 1816, no momento em que eram prestadas homenagens póstumas à rainha D. Maria I, recém-falecida. Essa circunstância fez com que, logo após o desembarque, assumissem seu primeiro trabalho oficial: os preparativos para as cerimônias de Aclamação

---

[42]Para os nomes de todos os componentes da Missão Artística Francesa, ver NAVES, R. "Debret, o neoclassicismo e a escravidão". In: *A forma difícil: Ensaios sobre a arte brasileira*, p. 123; ou PRADO, J. F. de A. *O artista Debret e o Brasil*, p. 38. Segundo a versão mais divulgada, a idéia de convidar os artistas franceses, que teriam a incumbência de fundar aqui uma escola de belas-artes, teria partido de Antonio de Araújo Azevedo (1754-1817), conde da Barca, então ministro das Relações Exteriores e da Guerra. Mas Rodrigo Naves menciona a existência de uma longa polêmica em torno do caráter oficial ou não da Missão Artística Francesa. A esse respeito ver NAVES, op. cit., p. 125/126.

de D. João e do casamento do príncipe herdeiro, D. Pedro. O *pintor de história*, Jean-Baptiste Debret (1768-1848), além de participar na ornamentação das ruas por onde passariam os cortejos, juntamente com o arquiteto Grandjean de Montigny (1776-1850), com a construção de elementos de arquitetura efêmera (templos, obeliscos e arcos do triunfo feitos de materiais como papelão e madeira), reproduzirá em pinturas os cerimoniais da Corte presenciadas durante o tempo em que permaneceu no Brasil. Assim tornando-se o grande responsável pela construção da memória pictórica do reinado de D. João VI no Rio de Janeiro. Seu trabalho memorialístico completou-se pela execução de retratos dos membros da Família Real portuguesa (tais como o D. João VI, D. Pedro, D. Carlota Joaquina e D. Leopoldina) e pela atuação como cenarista do Real Teatro São João.[43]

---

[43]Voltando para a França em 1831, após quinze anos de permanência no Brasil, Debret publica seus trabalhos feitos aqui no seu livro *Viagem pitoresca e histórica ao Brasil*, em três volumes que vieram a público entre 1834 e 1839. Além dos trabalhos ditos *oficiais* feitos por Debret por encomenda da monarquia portuguesa, sua obra traz também seus trabalhos sobre os indígenas brasileiros, objeto do primeiro volume, e sobre o cotidiano do Rio de Janeiro, com ênfase na presença do negro no espaço urbano, assunto do segundo volume. No terceiro volume afirma Debret pretender ocupar-se da *história política e religiosa* do Brasil. Figuram, portanto, nesse volume, os trabalhos que tratam das cerimônias oficiais da Corte e sobre outras festas e funerais.

ENTRE A CORTE E A CIDADE

Peter Burke chamou atenção para a ancestralidade do uso do expediente de se manterem artistas como funcionários encarregados da construção da imagem pública do rei, como se fazia já na Corte de Luís XIV. Esse autor informa que a importância dada pelo monarca francês à construção da sua memória oficial era tanta que ele chegava ao ponto de, ao partir em campanha, levar seus pintores Lebrun e Van Meulen, para que pudessem representar suas conquistas. Cenas da vida do rei eram apresentadas de modos similares por diferentes meios: retratos, estátuas eqüestres, medalhas, baixos-relevos e panegíricos escritos que se remetiam ou se copiavam reciprocamente, reforçando-se mutuamente. Ao mesmo tempo, os trabalhos de escultores, pintores e gravadores procuravam associar a imagem de Luís XIV, por meio de metáforas e alegorias (como a do *sol*, imagem pela qual ele ficou mais conhecido), a heróis e deuses da mitologia greco-romana. A manutenção de academias artísticas (como a Académie de Danse, a Académie Royale de Peinture et Sculpture, a Academie des Sciences, entre outras) propagava a imagem do rei francês como patrocinador e protetor das artes.

O mesmo aconteceu com D. João. Além do projeto de estabelecimento da Academia de Artes e Ofícios,[44] ele criou no Rio de Janeiro a Real Biblioteca, um Horto Real (para a pesquisa de espécimes vegetais), a Impressão Régia e o Museu Real. Iniciativas que, entre outras, lhe garantiram a imagem de protetor e patrocinador das artes e das ciências.[45] Imagem expressa na seguinte passagem do livro do padre Gonçalves dos Santos na qual ele se refere à instalação da Impressão Régia no Rio de Janeiro:

> O Brasil até ao feliz dia 13 de maio de 1808 não conhecia o que era tipografia: foi necessário que a brilhante face do Príncipe Regente Nosso Senhor, bem como o refulgente sol, viesse vivificar este país, não só quanto à sua agricultura, comércio, e indústria, mas também quanto

---

[44] Desde 12 de agosto de 1816 estava referendado o decreto que fundava a Escola Real de Ciências Artes e Ofícios, da qual Debret seria professor da cadeira de pintura histórica. Mas a instalação efetiva da, então, Academia Imperial de Belas-Artes ocorreu somente a 5 de novembro de 1826.

[45] Se, por um lado, tais instituições são garantidoras da criação de uma memória real; por outro, instaladas no Rio de Janeiro funcionam também como difusoras de um projeto civilizacional, do qual falarei mais adiante. Lilia Moritz Schwarcz mostrou como, ainda no século XVIII, outros soberanos portugueses utilizaram a "propaganda de Estado". Vinculando suas imagens à preservação e aumento dos acervos das Reais Bibliotecas (a do palácio da Ajuda e a Real Biblioteca Pública), D. João V (1706-1750) e D. Maria I (1777-1792) figuraram nas obras de propaganda oficial como protetores da cultura. Já no reinado de D. José I (1750-1777), dominado pela figura de seu todo-poderoso ministro, Sebastião José de Carvalho e Melo, conde de Oeiras e marquês de Pombal (título pelo qual é mais conhecido), afirma a autora que "tudo virava matéria para a divulgação dos feitos do Estado". Cf. SCHWARCZ, op. cit., p. 111.

às artes, e ciências, dissipando as trevas da ignorância, cujas negras e medonhas nuvens cobriam todo o Brasil, e interceptavam as luzes da sabedoria.[46]

Essa passagem deixa bastante claro o caráter de construção de uma *memória do* reinado de D. João da narrativa do padre Santos se atentarmos, aqui também como na citação de Luiz Edmundo sobre John Luccock, a qual chamei a atenção no início deste capítulo, para a incorreção da informação prestada. O fato é que autores já mostraram que já no século XVIII, muito antes do *feliz 13 de maio de 1808*, a colônia contava com tipografias, proibidas por Ordem Régia, de 10 de maio de 1747. O impressor lisboeta Antônio Izidoro da Fonseca instalou sua gráfica no Rio de Janeiro em 1747, poucos meses antes da ordem de proibição.[47] As *luzes da sabedoria* eram, dessa forma, interceptadas pela própria Coroa.

As semelhanças na construção da imagem de reis como Luís XIV e D. João VI provêm do uso da arte a serviço da *glorificação* do rei, ou da manutenção do Estado[48] é uma permanência de uma *cultura barroca* própria das monarquias absolutistas, que atingiram seu

---

[46]SANTOS, op. cit., tomo 1, p. 207.
[47]MORAES, R. B. de. *Livros e bibliotecas no Brasil colonial.*
[48]O que no caso das monarquias absolutas pode-se dizer ser a mesma coisa, uma vez que o rei representa o Estado.

apogeu no século XVII.[49] A ponto de José Antonio Maravall denominar aquelas monarquias, em diversas passagens de sua obra *A cultura do barroco*, de *monarquias barrocas*. A época da difusão da cultura barroca e ascensão das monarquias absolutistas, o século XVII europeu,[50] é uma época de crise econômica e social e de uma mudança de mentalidade provocada pelos descobrimentos e pelo Renascimento, que contribuíram, ambos, para um questionamento do caráter sagrado da monarquia absoluta e da Igreja. A cultura barroca é uma resposta dada a essa crise, pelos grupos sociais que detinham o poder temporal e espiritual e os privilégios deles decorrentes. Ela é, portanto, uma cultura orientada para a persuasão e cooptação dos indivíduos à adesão à monarquia. O Estado e a Igreja colocaram a arte a seu serviço, com a função de operar sobre a opinião, controlá-la, configurá-la e mantê-la junto a si, nas crises de natureza diversa que ameaçavam sua posição.

---

[49]Permanência essa que me permite usar os estudos referentes à Corte de Luís XIV, como o de Peter Burke que venho citando, na análise da Corte de D. João, sem temer estar cometendo um anacronismo, apesar das duas Cortes estarem separadas por um intervalo de quase cem anos.

[50]A periodização da vigência do barroco, como qualquer outra, é controversa. Para Affonso Ávila, ela abrangeria desde os primórdios do século XVII até a metade do seguinte; enquanto José Antonio Maravall restringe o período de vigência plena da cultura barroca entre os anos de 1600 e 1680. Ver ÁVILA, A. *O lúdico e as projeções do mundo barroco*; e MARAVALL, J. A. *A cultura do barroco: Análise de uma estrutura histórica*.

ENTRE A CORTE E A CIDADE

Permanecendo no Brasil após os acontecimentos políticos de 1822, que culminaram na separação da colônia de Portugal, Debret será o responsável, também, pela criação das imagens oficiais do reinado de D. Pedro I. Seu envolvimento na criação da memória oficial do Primeiro Reinado foi tamanho que, além de pintar as cerimônias reais tais como a Aclamação e a Coroação de D. Pedro I, e seu segundo casamento com D. Amélia de Leuchtemberg, desenha a nova bandeira do Império, uniformes militares e redecora as carruagens reais com as cores e insígnias do novo Império.[51] Como pintor oficial do Real Teatro São João, desde a Aclamação de D. João, Debret pinta também o pano de boca desse teatro para a representação da coroação do primeiro imperador do Brasil, onde representa os diferentes *povos* que compunham o nascente país (*negros, índios, mineiros, paulistas* etc.) prestando-lhe fidelidade

---

[51]Interessante notar como, fosse por gratidão a D. Pedro por este ter posto em funcionamento a Academia de artes, após dez anos de espera, fosse pelo seu envolvimento na criação da memória do Primeiro Reinado, a imagem que Debret faz do primeiro imperador do Brasil é extremamente positiva, contrastando com sua avaliação em relação a D. João. Segundo Debret, D. João era um rei que "não tinha a menor noção da ciência de governo" (DEBRET, op. cit., vol. 3, p. 86), pois, sendo o irmão mais velho o herdeiro presuntivo do trono, D. João "desde a sua mocidade resignou-se a nada ser" (ibid., loc. cit.). Enquanto com D. Pedro *a natureza havia sido pródiga*, nas palavras de Debret: "Tinha uma alma elevada, muita retidão e o desejo sincero de fazer o bem, por amor e por amor-próprio" (ibid., p. 90).

(figura 1).⁵² Comentando a reação do público presente na ocasião à apresentação de sua pintura, afirma o pintor francês que os

> aplausos prolongados ao aparecer pela última vez o pano de boca, no fim da representação, completaram esse dia de triunfo. No dia seguinte, uma nota explicativa do quadro de história nacional, inserta nos jornais, aumentou o interesse e inspirou desde então os espectadores habituais do teatro, familiarizados com esse *auxiliar sempre poderoso das paixões políticas*.⁵³ [grifos meus]

A mentalidade barroca do recurso à arte como instrumento de reforço do poder monárquico continuaria durante o Primeiro Reinado e muito além.⁵⁴ Como afirma Arno Mayer:

---

⁵²Sobre os significados da representação de Debret, realizada no contexto mesmo das guerras de independência, ver MATTOS, I. R. de. "Construtores e herdeiros: A trama dos interesses na construção da unidade política". In: *Almanack Brasiliense*, p. 20/21.
⁵³DEBRET, op. cit., vol. 3, p. 275.
⁵⁴Lília Moritz Schwarcz chamou a atenção para a mesma utilização política da arte durante o reinado de D. Pedro II no Brasil (SCHWARCZ, L. M. *As barbas do imperador*). É importante deixar claro que não foi apenas a arte classificada pelos especialistas como *barroca* de acordo com os seus cânones estéticos que foi utilizada com essa finalidade. Peter Burke mostrou como, na propaganda do reinado de Luís XIV, foram produzidas, igualmente, obras de características barrocas e clacissistas. Estilo dominante no século XVIII, principalmente na França. A esse respeito é interessante notar o fracasso do artista barroco italiano Gianlorenzo Bernini, na Corte de Luís XIV, citado por Burke (BURKE, op. cit., p. 78). A respeito das obras realizadas por Debret no Brasil, apesar de ser um pintor de formação neoclássica, afirma Rodrigo Naves que aqui ele abandonou o classicismo, inadequado para retratar a realidade local, criando um estilo próprio (NAVES, op. cit.).

Da Idade Média até o século XIX, as classes dominantes e governantes da Europa utilizaram a arte tanto para finalidades práticas como para deleite estético. A função da arte era a de celebrar Deus, o mecenas, a dinastia, o regime, a classe e a nação.[55]

Com o tempo, como acontece com toda pintura, essa imagem de D. João como protetor das artes e das ciências e promotor da felicidade e do desenvolvimento do Brasil, cuidadosamente construída por obras como a do padre Gonçalves dos Santos, esvanecer-se-á e perderá suas cores, dando lugar a uma imagem radicalmente diferente.

A memória do futuro

Não há, para cada período histórico, apenas uma memória. No entanto, uma delas é sempre a visão hegemônica sobre aquele período. Por isso, muitas vezes, essas diferentes memórias entram em conflito, ou *em disputa*, nas palavras de Michael Pollak, pela hegemonia da forma como aquele tempo será visto e

---
[55]MAYER, A. *A força da tradição*, p. 189. Lília Moritz Schwarcz chamou a atenção para a mesma utilização política da arte durante o reinado de D. Pedro II no Brasil. Cf. SCHWARCZ, L. M. *As barbas do imperador*.

lembrado pelos seus contemporâneos e pela posteridade.[56] Cem anos após a obra do padre Gonçalves dos Santos foi construída no Brasil uma outra memória sobre o período joanino, que logrou alcançar, por longos anos, a hegemonia da visão daquele período.

Em *A Corte de D. João no Rio de Janeiro*, o cronista e jornalista carioca Luiz Edmundo vai difundir algumas imagens sobre o período joanino que se perpetuarão no senso comum.[57] Como, por exemplo, a do traslado da Família Real para o Rio de Janeiro como uma *fuga desesperada*; e a imagem pela qual ficariam conhecidas até hoje personagens da Família Real como D. Maria I (a rainha louca), D. Carlota Joaquina (a esposa adúltera) e D. Pedro (o príncipe mulherengo). Mas é principalmente a imagem de D. João, construída por Edmundo, que os historiadores vêm tentando, desde pelo menos a última década, desfazer com mais afinco.

---

[56]A respeito da idéia da *memória em disputa* ver POLLAK, M. "Memória, esquecimento, silêncio". In: *Estudos Históricos*. v. 2, nº 3, 1989, p. 3-15; e POLLAK, M. "Memória e identidade social". In: *Estudos Históricos*, v. 5, nº 10, 1992, p. 200 a 215.

[57]Juntamente com *O Rio de Janeiro dos vice-reis* e *O Rio de Janeiro do meu tempo*, *A Corte de D. João no Rio de Janeiro* forma a trilogia de obras mais famosas de Edmundo dedicadas à crônica de costumes na cidade do Rio de Janeiro, nas três épocas da sua história: a colonial, a imperial e a republicana.

E apenas com relativo sucesso.[58] Na utilização do que Teresa Malatian vai denominar de *técnica de retrato*, a caracterização física de D. João representaria a imagem de um indivíduo inadequado à posição de rei. A autora define assim esse recurso metodológico: "a caracterização dos personagens-sujeito[sic] representativos de determinadas forças atuantes num dado momento e considerados úteis para a construção de símbolos necessários à compreensão e memorização do passado."[59]

Segundo a descrição de Edmundo, D. João seria, antes de mais nada, *sujo, feio, desleixado*.[60] Os frangos inteiros metidos nos bolsos como resultado dos seus hábitos glutões, uma acentuada religiosidade devida ao ambiente religioso em que teria sido educado e nenhuma inclinação pelas artes e pela ciência, não tendo grande cultura, apesar de ser muito inteligente. Em suma, a imagem de D. João como uma *caricatura de rei*, que não estava à altura das difíceis tarefas que se

---

[58]Porque, se por um lado, nas faculdades de história e na historiografia acadêmica não se trata mais D. João como um *monarca hesitante, medroso e glutão*; por outro lado ainda podemos vê-lo assim retratado em produções relativamente recentes para o cinema e para a televisão. No cinema, temos o exemplo do filme *Carlota Joaquina, a princesa do Brazil* (1994), e na televisão o exemplo da minissérie *O quinto dos infernos* (2002).
[59]MALATIAN, T. *Oliveira Lima e a construção da nacionalidade*, p. 70.
[60]"O que acentuava a fealdade de D. João (...) era o desleixo natural pela sua pessoa. Não tinha o menor cuidado pela *toilette*. Nas algibeiras da véstia ou da casaca metia frangos inteiros, de envolta com papéis, lenços e caixas de rapé." EDMUNDO, op. cit, p. 132.

lhe apresentaram na conturbada conjuntura política pela qual passou Portugal no início do século XIX:

> Quanto aos seus defeitos ou fraquezas, não foram de espantar. O maior, parece ter sido a pusilanimidade que o acompanhou até morrer, aquela ausência de ânimo, como não se conhece em outro monarca português. Figura de rei frouxo, espécie de "Maria-vai-com-as-outras", de palerma ou estafermo.[61]

Por todas essas características, D. João seria, enfim, alguém despreparado para o posto que ocupava e que não tinha a educação necessária para *representar o papel* de rei.[62] Teria assumido esse papel por pura obra

---

[61] Ibid., p. 165.
[62] Peter Burke chama a atenção para a necessidade de se olhar o rei como *alguém que representava a si mesmo*, no sentido de que desempenhava conscientemente o papel de um rei. Papel para o qual era ensinado desde a mais tenra infância, contando para isso, inclusive, com a existência de manuais pedagógicos, destinados à educação dos príncipes, e que recebiam o nome de *espelhos*, onde os príncipes viam uma imagem ideal e deveriam procurar divisar nessa imagem seu reflexo. Como o manuscrito que D. João recebeu, em 1790, do bacharel Francisco Antonio de Novaes Campos, intitulado *Príncipe perfeito*. Burke chama a atenção para o comportamento apresentado por Luís XIV nas suas cerimônias de entrada, em 1643, com cinco anos de idade. Desde então, o Rei Sol impressionava os espectadores pela sua maturidade, sua gravidade e seu porte: "Os enviados venezianos observaram, em 1643, que Luís, então com apenas cinco anos de idade, ria raramente e pouco se movimentava em público", BURKE, op. cit., p. 56. A esse respeito, ver também a obra de MONTEIRO, R. B. *O rei no espelho*. Principalmente o capítulo 4, "Sobre o rei", p. 149 a 188.

do acaso, devido à comprovação da loucura da mãe, D. Maria I, em 1792, e, principalmente, à morte do irmão mais velho, D. José, em 1788. Esse sim, educado adequadamente para ser rei, segundo Edmundo, mais inteligente e até menos feio do que D. João. Este último, ao contrário, assim como seu filho, D. Pedro, não havia nascido para ser rei, nem a isso almejava. O cronista republicano resume dessa forma sua opinião sobre o monarca português:

> Podia ter sido uma boníssima criatura, um homem bem intencionado, e, até, inteligente, se quiserem; mas, não foi um bom rei. Faltavam-lhe qualidades para isso. (...) E isso prova a anarquia em que sempre viveu o seu governo, cá e lá, as inquietações de todo o seu reinado, nascidas tão-somente da ausência de uma vontade capaz de dirigir bem a vida de um povo. (...) Homem de coração acima do vulgar. *Rei abaixo do medíocre*.[63] [grifos meus]

É necessário dizer que essas idéias não eram originárias de Luiz Edmundo. Nas últimas décadas do século XIX havia surgido em Portugal uma geração de historiadores que atuou imbuída da missão de crítica contra a situação de estagnação socioeconômica de

---
[63] EDMUNDO, op. cit., p. 167.

Portugal e a tradição católica e monarquista.[64] A Geração Nova, ou Geração de 1870, consagrou a interpretação depreciativa dos reinados de D. Maria e D. João baseando-se na versão da fuga vergonhosa do príncipe regente, do abandono da nação portuguesa às tropas napoleônicas e do favorecimento da colônia que resultara na sua independência. O discurso dos radicais descontentes com a atuação do rei era exemplificado por nomes como Pinheiro Chagas (1842-1895), Alberto Pimentel (1849-1925), Ramalho Ortigão (1837-1915), Raul Brandão (1867-1930) e o já citado Oliveira Martins (1845-1894). Edmundo se apropria das idéias desses autores úteis à sua argumentação (tais como a idéia da migração da Família Real portuguesa para o Brasil como fuga e a caracterização caricata dos personagens), sendo seu principal difusor no Brasil.

Outro historiador brasileiro se inspirou nas obras da Geração de 1870 portuguesa para escrever sobre o período joanino. Mas escreveu um livro radicalmente diferente do de qualquer um daqueles autores e tam-

---

[64]Como explica Teresa Malatian, na década de 1880, essa situação era de grande pobreza, emigração maciça para a América e percepção de atraso em relação aos países vizinhos. O mito do Império português consolava os descontentes pela perda ainda lamentada da Índia e do Brasil. MALATIAN, op. cit., p. 54.

bém do de Edmundo. D. *João VI no Brasil*, do historiador e diplomata Manuel de Oliveira Lima, publicado em 1908, ano do centenário da abertura dos portos, é tido como um marco de revisão histórica do período joanino e de reabilitação da figura de D. João, pelo que representa como alteração de perspectiva em relação a uma personalidade e uma época.[65] Oliveira Lima é o responsável pela difusão da idéia de que, com a vinda de D. João para o Rio de Janeiro, tem início a descolonização efetiva do Brasil. O monarca português é considerado pelo historiador o *fundador da nacionalidade brasileira*. D. João se habilitaria a esse título por ter propiciado as condições para a *emancipação* não somente *material* (com a abertura dos portos e a liberação das indústrias), mas também *intelectual*, dos colonos, pela fundação de academias (como a de Artes e Ofícios e a academia Militar), da Impressão Régia e outros.

---

[65]Segundo sua interpretação, D. João possuiria inteligência e gosto pelas "coisas espirituais", bom humor, indulgência, sagacidade, malícia, bondade, magnanimidade e senso político, qualidades que lhe teriam permitido ser um governante afável e amado pelo povo. Era a resposta à imagem de personagem ridícula, burlesca, apática e grotesca consagrada pela historiografia portuguesa. Sobre a influência das obras da Geração de 1870 portuguesa, principalmente de Oliveira Martins e Pinheiro Chagas, na obra de Oliveira Lima, ver MALATIAN, op. cit., p. 199 a 241.

Dessa forma, temos, no início do período republicano da história do Brasil, a construção de uma outra memória sobre o período joanino, diferente da de Edmundo, anterior a essa, e que aspira tornar-se a memória hegemônica, pelo seu esforço de reinterpretação histórica. No entanto, na República acabou por prevalecer a memória de cunho mais democrático e de crítica à monarquia, de Luiz Edmundo, sobre a de espírito aristocrático e de simpatia à causa monárquica, de Oliveira Lima.[66]

No que se refere à sede da nova Corte portuguesa na América, sobressai na obra de Edmundo a imagem do Rio de Janeiro como um lugar que não obteve nenhum benefício não só da instalação da Corte, mas da administração portuguesa como um todo. Durante todo o período colonial a cidade já não teria sofrido nenhuma melhora, chegando às portas do século XIX com a aparência de *uma estrumeira*:[67]

> A cidade dos tempos do Sr. D. João ainda guarda a fisionomia aflita e asselvajada que tinha na época dos vice-reis e dos governadores. Ainda é a mesma coisa triste

---

[66] Sobre o perfil aristocrático da personalidade e da historiografia de Oliveira Lima, associado às suas ligações familiares com a aristocracia pernambucana e profissionais com o serviço diplomático, ver MALATIAN, op. cit., p. 25 a 50.
[67] EDMUNDO, L. *O Rio de Janeiro no tempo dos vice-reis*, p. 16.

e mal-cheirosa [sic]. Ainda é o mesmo chão úmido e feio, prenhe de lagoas verdes e podres, com logradouros públicos cobertos de tiririca e de sapé, crianças nuas, pretos resmungões e animais à solta; praças despidas de arborização e de beleza, betesgas e alfurjas imundas, estreitas e um casario reles, velho e desmoronante, como que a requerer picareta, fogo ou terremoto.[68]

Tampouco a administração de D. João ou a dos imperadores do Brasil que se seguiram a ele iriam conseguir mudar essa situação.[69] É dessa forma que, para Edmundo, até a entrada do século XX, o Rio de Janeiro permaneceria a mesma cidade dos primórdios da sua história:

> Penetramos o século das luzes e ainda estamos em plena morrinha colonial. Em 1901 somos o que éramos quando aqui albergávamos o mau gênio do Sr. Luís

---

[68]EDMUNDO, L. *A Corte de D. João no Rio de Janeiro*, p. 597.
[69]De pouco teriam adiantado os esforços do intendente de Polícia de D. João, Paulo Fernandes Vianna, responsável pelos serviços de urbanização da cidade, em demolir casas, aterrar charcos e pântanos, abrir estradas, canalizar rios e construir chafarizes para tentar tirar a cidade do fundo do "esterquilínio colonial" em que ela jazia (ibid., p. 58). Isso porque a verba que essa instituição recebia era, segundo o autor, "quase uma pilhéria", para fazer frente às suas inúmeras atribuições (ibid., p. 612).

Vahia, o "onça", a arrogância do Sr. Marquês do Lavradio, o "gravata", e a palermice coroada do Sr. D. João VI, o "frouxo". E assim continuamos a ser até o advento de Rodrigues Alves, até a obra magnífica de Pereira Passos e Oswaldo Cruz, quando se transforma a cidade-pocilga em Éden maravilhoso, fonte suave de beleza e de saúde.[70]

Em 1901, às vésperas do processo de reformas urbanas pelas quais passou a cidade nas primeiras décadas do século XX, e que apenas têm seu ponto de partida nas reformas empreendidas durante a administração do prefeito Francisco Pereira Passos (1903-1906), mas que vão se estender, quase ininterruptamente, até a administração do prefeito Carlos Sampaio (1920-1922), o aspecto da cidade e os hábitos de seus moradores não guardam, para Edmundo, diferença alguma com o Rio de Janeiro do século XVI ou XIX: "Na madrugada do século o Rio de Janeiro ainda é um triste e miserável agrupamento de telhados mais ou menos pombalinos, feio, sujo, torto, dessorando os vícios e os preconceitos da velha cidade de Mem de Sá."[71]

---

[70]EDMUNDO, L. *O Rio de Janeiro do meu tempo*, p. 24.
[71]Ibid., loc. cit.

ENTRE A CORTE E A CIDADE

A idéia da ausência de *progresso* no Rio de Janeiro até o início do século XX está expressa na periodização em três momentos que Edmundo faz da história da cidade na introdução da sua obra mais conhecida, *O Rio de Janeiro do meu tempo*. O primeiro seria um *tempo da harmonia com a natureza*, que tem um início incerto, mas vai até a chegada dos colonizadores portugueses. O segundo momento, o *tempo do atraso colonial*, significativamente compreendido entre 1500 e o início do século XX. O terceiro, o *tempo do progresso*, que se inicia com as reformas de Pereira Passos. Dessa forma, a colonização portuguesa é representada como promotora de uma decadência. Da *perda do paraíso* que será recuperado pelas reformas de Pereira Passos e pelo trabalho de saneamento de Oswaldo Cruz, que transformam a *cidade pocilga* em *éden maravilhoso*.

Esse mesmo discurso pode ser encontrado em crônicas de outros literatos contemporâneos de Edmundo e das reformas, como, por exemplo, Olavo Bilac (1865-1918):

> Há poucos dias, as picaretas, entoando um hymno jubiloso, iniciaram os trabalhos da Avenida Central, pondo abaixo as primeiras casas, condemnadas. No aluir das paredes, no ruir das pedras, no esfarelar do barro, havia um longo gemido. Era o gemido soturno e lamentoso do

Passado, do Atraso, do Oppróbrio. A cidade colonial, inmunda, retrógrada, emperrada nas velhas tradições, estava soluçando no soluçar d'aqueles materiaes apodrecidos que desabavam. Mas o hymno claro das picaretas abafava esse protesto impotente.[72]

Como chamou a atenção Margarida de Souza Neves, o traço distintivo da produção de crônicas no Rio de Janeiro no início do século XX é o fato de elas expressarem um tempo social vivido pelos contemporâneos como um momento de transformações, novidades e, principalmente, de ruptura com o passado. O início de um novo tempo na história da cidade do Rio de Janeiro e do Brasil, que eles tendem a tomar como sinônimos.[73] O Rio de Janeiro aparecia como síntese e microcosmo do Brasil, e tornava-

---

[72]BILAC, O. "Chronica". In: *Kosmos*. Rio de Janeiro, março de 1904. Apud NEVES, M. de S. "Uma escrita do tempo: Memória, ordem e progresso nas crônicas cariocas". In: CANDIDO, A. (et al.). *A crônica: O gênero, sua fixação e suas transformações no Brasil*, p. 87.
[73]Diz Edmundo: "Passos transformou a cidade bárbara em metrópole digna da civilização ocidental. Qual o homem do começo do século que, recordando os benefícios que então se espalhavam sobre esta querida terra, não se lembra da frase que andou pela boca do povo, pelas ruas, pelas casas, pelos cafés, nas saudações que se trocavam, no estribilho das canções e que dizia assim: 'O Rio civiliza-se'?". EDMUNDO, L. *O Rio de Janeiro do meu tempo*, p. 40.

se o centro irradiador de um *processo civilizador* do espaço da cidade e do país. *Civilizar* a capital do país seria *civilizar* o país. A capital tinha que servir de *vitrine* para os povos estrangeiros, tendo em vista a captação de investimentos externos; mas, ao mesmo tempo, tinha, igualmente, que ser o *espelho* onde se pretendia ver refletida a auto-imagem construída pelas elites dominantes do país para a nação.[74]

A memória sobre o reinado de D. João e os seus efeitos sobre o Rio de Janeiro construída por esses cronistas da República estavam marcados por essa vivência desse tempo de progresso. O discurso de indiferenciação entre o Rio de Janeiro colonial e o imperial, criado nas primeiras décadas da República, tem o intuito de associar aqueles dois momentos da vida da cidade com a idéia de *atraso*, enquanto, por um movimento simultâneo, identificava-se o Rio de Janeiro republicano, *saneado* e *civilizado* por Pereira Passos, como o da *ordem* e do *progresso, projeto de futuro* para o país. Sendo a colonização portuguesa considerada a culpada pelo *atraso* secular em que se encontrava o Brasil em comparação com outras nações, o julgamento de Edmundo sobre o reinado de

---

[74] A idéia do Rio de Janeiro como vitrine e espelho devo a KESSEL, C. *A vitrine e o espelho*: *O Rio de Janeiro de Carlos Sampaio*.

D. João não poderia ser diferente.[75] Como diz Margarida de Souza Neves:

> A associação discursiva entre *ordem* e *progresso* passa a ser vista como a mais sintética das formulações de um projeto de futuro a ser implementado em todo o país e do qual a cidade do Rio de Janeiro, reformulada física e ideologicamente no início do século, é capital.[76]

---

[75]Edmundo chega a representar o colonizador português como um invasor estrangeiro, que se apossa ilegitimamente de uma terra que não é sua e pela qual não sente nenhuma ligação. Não se importando com o seu *progresso* e procurando, aqui, apenas enriquecer e voltar para sua terra natal. Chega mesmo a caracterizá-lo como uma "nuvem de gafanhotos pousada nesta plaga verdoenga da América" (EDMUNDO, L. *O Rio de Janeiro do meu tempo*, p. 21). A se preocupar com o *progresso* do Rio de Janeiro apenas aqueles nascidos aqui, como o intendente geral de Polícia, Paulo Fernandes Vianna, para o autor, *um brasileiro* e, melhor, *um carioca*: "O regente D. João, príncipe um tanto palhouco, mas bem-intencionado, teve uma idéia feliz, quando aqui nos chegou (...), tal a de nomear para intendente geral da Cidade um brasileiro. E carioca: Paulo Fernandes Vianna" (ibid., loc. cit.). Segundo Edmundo, após Vianna, apenas mais um brasileiro pensou no progresso da capital, *que é o progresso do país*, ainda no século XIX, contra a mentalidade aqui reinante eternamente *desconfiada e maldizente do progresso*: o barão de Mauá. Na interpretação de Edmundo, a luta entre progresso e atraso desdobra-se, então, no conflito de nacionalidades entre brasileiros e portugueses. Devido a essa forma de encarar o elemento português como o responsável por todos os males do Brasil, a *lusofobia* aparece como a característica mais forte das obras de Luiz Edmundo.
[76]NEVES, op. cit., p. 78.

ENTRE A CORTE E A CIDADE

A construção da memória nacional feita pelos cronistas republicanos do início do século XX, como Edmundo e Bilac, procura fornecer uma identidade para a nação baseada na idéia de ruptura entre os períodos colonial/monárquico, por um lado, e republicano, por outro, da história do país, e submetida a esse projeto de nação implementado com as reformas de Pereira Passos, e do qual o Rio de Janeiro foi o centro irradiador.

Porém, o Rio de Janeiro não assume essa função de espaço de exemplaridade e centro irradiador de um processo civilizador pela primeira vez durante a era republicana. Ao contrário do que afirma a memória republicana sobre o período joanino, no curto período de treze anos de permanência da Corte portuguesa no Rio de Janeiro as transformações no espaço físico e nas formas de sociabilidade cotidiana da cidade se fizeram muito rapidamente. A instalação da Família Real levava à necessidade de adaptação da sua forma urbana, ao mesmo tempo que impunha à população da nova capital do Império português um novo padrão de sociabilidade ligado ao ideal europeu de *Civilização*, que condenava velhos hábitos e costumes oriundos do período colonial, arraigados nos habitantes do Rio de Janeiro. Novo padrão de sociabilidade que, a partir do Rio de Janeiro, deveria se espalhar por todo o território da colônia.⁷⁷

A Corte civiliza

Em *Notas sobre o Rio de Janeiro e partes meridionais do Brasil, tomadas durante uma estada de 10 anos nesse país, de 1808 a 1818,* John Luccock, animado por um espírito enciclopédico, se ocupa em registrar tudo que viu no Brasil durante o decênio em que aqui viveu.⁷⁸ Tal qual um *museu de tudo*,⁷⁹ o relato contém observações sobre a aparência da nova capital do Império português e seus arredores, uma minuciosa descrição da sua geografia, flora e fauna, os hábitos e costumes dos ha-

---

⁷⁷Denomino de *forma de sociabilidade* os modos de vida praticados no dia-a-dia da existência pública e privada e as formas de produção e reprodução dos costumes e dos comportamentos de indivíduos e grupos sociais. Idéia que pode ser mais bem expressa pelo conceito de *habitus* cunhado pelo sociólogo francês Pierre Bourdieu. Ver BOURDIEU, P. "A gênese dos conceitos de *habitus* e de campo". In: *O poder simbólico*; ou ORTIZ, R. (org.). *Pierre Bourdieu*.
⁷⁸LUCCOCK, J. *Notas sobre o Rio de Janeiro e partes meridionais do Brasil, tomadas durante uma estada de 10 anos nesse país, de 1808 a 1818.* Sua publicação original ocorreu em 1820, em língua inglesa. Dela existem duas versões em alemão, a primeira de 1821 e a segunda de 1831. Não tinha ainda sido traduzida para o português até 1942, quando foi publicada pela Livraria Martins Editora.
⁷⁹A expressão é de Flora Süssekind. Ver SÜSSEKIND, F. *O Brasil não é longe daqui: O narrador, a viagem*, p. 64.

bitantes e, principalmente, sobre náutica e o comércio no Rio de Janeiro e nas capitanias de Minas Gerais e Rio Grande do Sul, assunto de seu particular interesse. A atenção dada a esse assunto expressa melhor do que qualquer outro o fim de *informar* e *instruir* que, segundo o autor, animou a composição da sua obra, como ele próprio explica na introdução, curiosamente escrita na terceira pessoa, como que a dar um caráter de objetividade à narrativa:

> Se a pecha de exageradamente detalhista lhe for atirada por causa das suas minúcias sobre comércio e náutica, achará que basta replicar dizendo que tanto ele como seus sócios freqüentemente se acharam em situações tais que semelhantes minúcias lhe teriam sido não só dignas de aceitação como altamente proveitosas.[80]

Como ressalta Flora Süssekind, a partir do século XVIII prevalece uma certa concepção ilustrada de viagem. As viagens e seus relatos, como o de Luccock, passam a ser vistos não mais apenas como divertimento, mas como meio de conhecimento, educação e acesso a informações históricas, geográficas e sobre usos e costumes de outros povos. Cumpria aos relatos de viagem *ilustrar*. O que parecia dar confiabilidade a essas

---

[80]LUCCOCK, op. cit., p. XVI.

narrativas era, de um lado, a própria experiência da viagem; de outro, o fato de se tratar de um olhar de estrangeiro, que teria testemunhado de fato o que narra. Um caráter de veracidade recobre sempre o testemunho daquele que narra o que viu. Mas, apesar de Francisco Adolfo de Varnhagen considerar Luccock o autor do retrato mais verídico da condição material, moral e intelectual da cidade do Rio de Janeiro no momento da chegada da Família Real,[81] dispensemos desde logo essa pretensão de objetividade do discurso do comerciante inglês. Como chama a atenção Flora Süssekind, o relato do viajante, mais do que descrever, pode *criar uma realidade*:

> No caso de terras recém-descobertas, lugares ainda sem nome, o sujeito, "eterno Adão", de fato não pertence a elas, mas caberia a ele dar nome ao que vê, dar a partida para a inscrição de tais locais no "mundo dos brancos", dos mapas, do tempo histórico. Sua chegada marcaria a origem dessas ilhas aos olhos do Ocidente e sua mudança de um estado de "pura natureza" para uma corrida em direção ao que este viajante entendesse por "civilização", semente a ser lançada por ele nessa terra que crê, paradisíaca ou infernalmente, em branco.[82]

---

[81]DEL BRENNA, G. R. "Rio de Janeiro, realeza e realidade (1808-1821)". In: *Anais do Seminário Internacional D. João VI: Um rei aclamado na América*, p. 21.
[82]SÜSSEKIND, op. cit., p. 13.

Luccock, possuído daquela *sensação de não estar de todo* que acompanha o viajante em terras estranhas,[83] pode, no entanto, fornecer uma visão do período diferente da dos seus contemporâneos padre Gonçalves dos Santos e Debret, plenamente integrados à vida da Corte no Rio de Janeiro. *Estupidez e sujeira*. Esta era sua avaliação a respeito dos hábitos e costumes dos habitantes do Rio de Janeiro em 1808. A aparência interna e externa dos edifícios públicos e particulares, a forma como eram feitos os sepultamentos, a situação de clausura das mulheres, a falta de alternativas decentes de entretenimento culto (leia-se teatros), a falta de asseio da cidade e dos seus habitantes, a situação da pecuária, da pesca, da agricultura, do comércio e, principalmente, o desprezo da população pela educação formal apontam, na visão de Luccock, para um estado de completa *falta de Civilização*.

Segundo o sociólogo alemão Norbert Elias, o termo *Civilização* pode referir-se a uma grande variedade de fatos, desde o nível de desenvolvimento da tecnologia e dos conhecimentos científicos, até as idéias religiosas e os costumes. Porém, segundo esse autor, esse conceito expressa, antes de qualquer coisa, *a cons-*

---

[83]Mais uma vez, a expressão é de Flora Süssekind, e quer expressar um sentimento de não pertencimento, de deslocamento (ibid., p. 21).

ciência que o Ocidente tem de si mesmo. O conceito de *Civilização* resumiria tudo em que a sociedade ocidental, desde o século XVIII, se julgava superior a sociedades mais antigas ou a sociedades contemporâneas, porém *mais primitivas* (ou menos *civilizadas*):

> Com essa palavra, a sociedade ocidental procura descrever o que lhe constitui o caráter especial e aquilo de que se orgulha: o nível de sua tecnologia, a natureza de suas maneiras, o desenvolvimento de sua cultura científica ou visão do mundo, e muito mais.[84]

Porém, *Civilização* não seria apenas um *estado*, mas sobretudo um *processo*. Na virada do século XVIII para o XIX, sob a influência das idéias iluministas, os países europeus consideravam o *processo de civilização* terminado em suas próprias sociedades. Nesse momento em que a consciência da *Civilização*, vale dizer, a consciência da superioridade de seu próprio comportamento e sua corporificação na ciência, tecnologia ou arte começou a se espraiar pelas nações européias, estas se autodefinindo como *nações civilizadas*, atribuíram a si próprias o papel de porta-vozes do *processo civilizador*. Baseadas na idéia da sua superioridade, expresso no seu mais alto grau de *Civilização*, essas nações se vêem

---
[84]ELIAS, N. *O processo civilizador*, v. 1, p. 23.

como as transmissoras dessa mesma *Civilização*. Essa idéia de sua superioridade passa a servir também, pelo menos às nações colonizadoras, como justificativa de seu domínio político no âmbito do colonialismo em expansão.[85]

Nobert Elias estuda o *processo civilizador* em termos de um processo de transformação do comportamento humano. O controle dos sentimentos individuais pela razão e a elevação do patamar de sentimentos como vergonha e repugnância eram sinais específicos de fases particulares da *marcha da Civilização*; e, ao nível cotidiano, essa transformação do comportamento atingia desde as maneiras à mesa até a forma de falar. Esse autor mostrou como a sociedade de Corte, pelas suas normas de etiqueta a serem observadas por todos aqueles que dela faziam parte (inclusive o rei), ocuparia um papel central nesse processo de controle das pulsões, emoções e afetos, e de interiorização individual das proibições sociais, que constitui o *processo civilizador*. A ponto de o conceito de *civilisé* ser originalmente uma

---

[85]Luccock apresenta, pelo menos uma vez, em sua narrativa, esse sentimento de superioridade de um membro das *nações civilizadas*: "Quando pela primeira vez os ingleses principiaram a vir em grande número para o Brasil, esse mesmo sentimento foi expresso de várias maneiras. Não somente lhes reconheciam abertamente uma inteligência superior *que de-fato* [sic] *têm*, como, com infantil simplicidade, parecia o povo às vezes atribuir-lhes perfeições mais que humanas" [grifos meus]. LUCCOCK, op. cit., p. 185.

continuação direta de outros termos com os quais os membros da Corte gostavam de designar seu próprio comportamento, tais como *cultivé*, *poli* ou *policé* (de onde derivam palavras como *polícia* e *policiar*, e o sentido que tinham à época).[86]

No Brasil esse *processo civilizador* teria tido início na primeira metade do século XIX, sob o impacto da instalação de uma sociedade e de uma *sociabilidade de Corte* no Rio de Janeiro. Apesar de, em um primeiro momento, o Rio de Janeiro ter lhe parecido "o mais imundo dos ajuntamentos de seres humanos de-baixo [*sic*] do céu",[87] ao voltar à cidade em 1813, após uma viagem ao Sul do país, Luccock se dedica a descrever todos os melhoramentos por que passou a cidade desde a sua chegada, identificando o caminhar desse processo civilizador. É dessa forma que ele observa melhorias na aparência geral da cidade, nos edifícios públicos e privados, nos hábitos dos moradores, na higiene pública e particular, nos divertimentos, nas artes, ciências,

---

[86]Como explica Elias, o que chamamos comumente de Corte era, fundamentalmente, o palácio do rei, príncipe ou potentado local (Versalhes é o exemplo mais significativo). Não por acaso, ressalta o antropólogo norte-americano Clifford Geertz, que estudou a monarquia balinesa do século XIX, que a palavra *Negara* tem o significado simultâneo e comutável de *palácio, capital, Estado, cidade, reino* e, em seu sentido mais lato, *Civilização*. Cf. GEERTZ, C. *Negara: O Estado teatro no século XIX*, p. 14.
[87]LUCCOCK, op. cit., p. 90.

agricultura, comércio, indústrias e, até mesmo, no cerimonial da Corte: "No período que decorreu desde a chegada da rainha, notaram-se consideráveis progressos para situação mais favorável da capital do Brasil."[88] Avaliação que repete, em 1818, às vésperas da sua viagem de retorno definitivo à Inglaterra.

A própria presença maciça de estrangeiros no Rio de Janeiro durante o período de permanência da Corte, fossem eles comerciantes ingleses, artistas franceses ou cientistas austríacos, aponta para as mudanças pelas quais passava a cidade naquele momento. Pois, por um lado, a nova condição de Corte e sede do Império português tirava o Rio de Janeiro do seu "isolamento colonial"; e, por outro, o maior contato com os representantes da *Civilização* favorecia o caminhar daquele processo civilizador.

Não que os estrangeiros fossem de todo desconhecidos no Rio de Janeiro antes da vinda da Família Real para a capital da colônia. Vide o número de relatos descrevendo a cidade, seu porto, suas riquezas e seus habitantes que vieram à luz durante os séculos XVI a XVIII, apesar da política metropolitana considerar o segredo um elemento fundamental na estratégia de conservação das suas colônias.[89] Provando que aquele

---

[88]Ibid., p. 162.
[89]A esse respeito ver BICALHO M. F. *A cidade e o Império: O Rio de Janeiro no século XVIII*. Principalmente a primeira parte, p. 23 a 157.

"isolamento colonial" era apenas relativo. As colônias portuguesas da América eram mesmo, com freqüência, escala obrigatória para os navios que, saídos da Europa em direção às Índias, necessitavam de água, mantimentos, consertos e cuidados com a tripulação doente.

Maria Fernanda Bicalho afirma que, apesar da relativa tolerância à passagem ou permanência de estrangeiros no Brasil, vigente nos primeiros séculos de colonização, o século XVIII se inicia com ordens explícitas da metrópole exigindo sua expulsão sumária das conquistas ultramarinas. Consistindo a única exceção aqueles que fossem casados ou tivessem filhos com portuguesas e não exercessem atividade mercantil.[90] Preocupava a Portugal, por um lado, o fortalecimento industrial da aliada Inglaterra e o crescente assédio dos seus comerciantes e contrabandistas às suas colônias; e por outro, a presença de naus francesas, devido à delicada conjuntura política internacional na Europa.[91] Apesar disso, o Rio de Janeiro foi passagem obrigatória de viagens científicas ilustradas durante todo o século XVIII. E a vigilância metropolitana nunca conseguiu impedir de todo o contraban-

---

[90] BICALHO, op. cit., p. 36.
[91] Que colocava Portugal e França em lados opostos e que resultou em duas invasões francesas ao Rio de Janeiro ainda no início do século XVIII (em 1710 e 1711).

do praticado entre ingleses e franceses e a população das colônias.[92]

A partir da abertura dos portos a presença estrangeira na cidade tornou-se tão corriqueira que chegava a preocupar o príncipe regente. Lília Schwarcz lembra que se vivia o conturbado contexto de contestação do absolutismo, com o início do processo revolucionário de independência das colônias espanholas da América. Fazia-se necessária a prevenção contra a contaminação de exemplos tão próximos.[93] Pelo alvará de 10 de maio de 1808[94] é criada a Intendência Geral de Polícia da Corte e do Estado do Brasil, com o mesmo

---

[92]Particularmente com relação aos ingleses, a aliança luso-britânica, baseada na troca da proteção política da Inglaterra pelo apoio português nos conflitos europeus e vantagens comerciais à Inglaterra em possessões portuguesas ao redor do mundo, remetia à conjuntura da Restauração portuguesa, no século XVII. Informa-nos Gilberto Freyre que desde aquela época foi dado aos ingleses o direito de manterem quatro famílias britânicas em cada cidade brasileira de importância comercial: Recife, Salvador e Rio de Janeiro. Com o passar dos anos, essas vantagens foram ampliando-se, a ponto de ingleses conseguirem permissão para negociar por conta própria de Portugal para o Brasil e vice-versa. Ver FREYRE, G. *Ingleses no Brasil: Aspectos da influência britânica sobre a vida, a paisagem e a cultura do Brasil*, p. 86.
[93]Ver SCHWARCZ. *A longa viagem da biblioteca dos reis*, p. 247.
[94]Essa é a data fornecida por Gonçalves dos Santos, na qual se baseia também Thomas Holloway (SANTOS, op. cit., tomo 1, p. 203, e HOLLOWAY, T. *Polícia no Rio de Janeiro*, p. 46). Lília Moritz Schwarcz fornece a data de 5 de abril de 1808 (SCHWARCZ, L. M. *A longa viagem da biblioteca dos reis*, p. 247).

regimento, jurisdição e poderes do órgão semelhante que já existia em Lisboa desde 25 de junho de 1760, e sob a responsabilidade de Paulo Fernandes Vianna, que ocupou o cargo durante os 13 anos de permanência de D. João no Rio de Janeiro.[95] Cabiam à Intendência de Polícia tarefas que estavam de acordo com o significado do termo *policiar* corrente à época. Esse termo é definido no *Dicionário da língua portuguesa*, de Antônio de Moraes e Silva, publicado em 1813, da seguinte maneira: "O governo, e administração interna da República, principalmente no que respeita às comodidades, i. é, limpeza, aceyo [sic], fartura de víveres, e vestiaria, e à segurança dos Cidadãos."[96] *Policiar* a cidade era dar *polimento* ao comportamento dos seus habitantes, aproximando-o daquilo que se considerava *Civilização*. Assim, a Intendência de Polícia, ao lado de outras instituições, como a Biblioteca Pública, o Horto

---

[95] Até 26 de fevereiro de 1821, quando foi afastado, segundo Thomas Holloway, por exigência de um grupo de militares e civis que pressionaram D. João VI a adotar a Constituição liberal das Cortes de Lisboa, vindo a falecer pouco tempo depois, em 1º de maio do mesmo ano. HOLLOWAY, op. cit., p. 46/47.

[96] MORAES E SILVA, Antonio de. *Diccionario da língua portuguesa recopilado dos vocabulários impressos até agora, e nesta segunda edição novamente emendado, e muito acrescentado*, tomo 2, p. 464. Apud, MATTOS, I. R. de. "A instituição policial e a formação do Estado imperial". In: BRANDÃO, B. C.; CARVALHO, M. A. R. de; MATTOS, I. R. de. *A polícia e a força policial no Rio de Janeiro*, p. 91.

Real, o Teatro São João e a Impressão Régia, desempenhava um importante papel na difusão da *Civilização* no Rio de Janeiro, atuando na *civilidade* de seus habitantes.

Unindo, nas palavras de Ilmar R. de Mattos, uma natureza repressiva e uma natureza administrativa, tinha como preocupação, além das funções edilícias e de repressão à desordem, coibir o trânsito na nova Corte de idéias e pessoas consideradas nocivas ao regime.[97] Eram suas atribuições: o arruamento, abertura, conservação e o asseio das vias e dos logradouros públicos; a fiscalização das edificações públicas e particulares, assim como das fontes e dos chafarizes, de todos os transportes de mar e terra, de todos os divertimentos públicos e das casas de jogos, botequins, casas de pasto, estalagens e albergues, e dos contratos de arrematação da iluminação, a extinção de incêndios, a repressão à mendicidade, à vadiagem e ao contrabando e fazer a estatística da população. Mas competia-lhe também: coibir delitos de imprensa exercendo a censura prévia; cuidar da expedição de passaportes e prover os serviços de colonização e legitimação

---

[97]Ibid., p. 57. Para auxiliar o trabalho de natureza repressiva da Intendência de Polícia foi criada, por decreto de 13 de maio de 1809, a Divisão Militar da Guarda Real da Polícia, sobre a qual falarei mais detalhadamente no último capítulo.

de estrangeiros.[98] Como afirma Ilmar R. de Mattos, é possível concluir pelas vastíssimas atribuições que lhe cabiam, que a Intendência de Polícia era uma *espécie de Ministério*.[99] O padre Gonçalves dos Santos se refere da seguinte forma ao papel que deveria caber ao intendente de Polícia:

> O qual fosse um vigilante sentinela da segurança pública, fazendo arredar dos nossos lares os espiões, e partidaristas dos franceses; e também velasse sobre os crimes secretos, que, forjados nas trevas em clubes, e lojas, arrebentam com explosão terrível com manifesta ruína do Estado, e da Religião (...); e da mesma sorte impedisse a intrusão de pessoas suspeitas, purgasse a cidade de vadios, e mal procedidos, castigasse os perturbadores da ordem civil, e das tranqüilidades das famílias, e os corruptores da moral pública.[100]

---

[98] Segundo informa José Luiz Werneck da Silva, a Intendência de Polícia vai manter essas atribuições até a instalação do Código Criminal de 1830; sendo finalmente extinta com a entrada em vigor do Código de Processo Criminal de Primeira Instância, em 1832, que praticamente acabou com todo o aparato judiciário criminal da colônia, do Reino Unido e do Primeiro Reinado que ainda existia. Cf. SILVA, J. L. W. da. "O crescimento da cidade do Rio de Janeiro: de cidade colonial à Corte imperial 1763-1831". In: NEDER, G.; NARO, N.; SILVA, J. L. W. da. *A polícia na Corte e no Distrito Federal*, p. 16 a 37.

[99] MATTOS, I. R. de. "A instituição policial e a formação do Estado imperial", p. 92. Tanto Luccock quanto Debret chegam mesmo a denominar o intendente de *Ministro da Polícia*. Cf. LUCCOCK, op. cit., p. 91, e DEBRET, op. cit., vol. 3, p. 87.

[100] SANTOS, op. cit., tomo 1, p. 204.

Todo estrangeiro desembarcado no porto do Rio de Janeiro estava obrigado a se dirigir à Intendência de Polícia para se registrar. Obviamente, a vigilância mais cerrada se fazia sobre os franceses, pelo menos até 1815.

Dessa forma, em março de 1811, o intendente encarregava ao juiz do Crime do bairro de Santa Rita, José da Silva Lourero Borges, proceder a uma busca nos papéis de dois franceses, Eugenio e Luis Perison, moradores na rua dos Pescadores, e chegados havia pouco de Buenos Aires, "a pretexto de uma denúncia de diamantes":

> (...) e lhes apreenda todos os seus papéis que em gavetas, carteiras, bolsos e vestidos possam ter, e logo ali os examine a ver se lhes descobre alguma correspondência, notas ou apontamentos de estarem aqui suscitando ou procurando suscitar alguma correspondência revolucionária com os de Buenos Aires, e a menor idéia que disto ache, os fará passar à Cadeia. (...) No caso de nada lhes achar, os deixe dando-lhes idéia de que procurava diamantes, [e] de que estavam denunciados.[101]

---

[101] Arquivo Nacional. Polícia da Corte. Códice 329, vol. 1, f. 17v. Em todas as transcrições de documentos, optei por modernizar a grafia e a pontuação para facilitar a leitura.

Em ofício datado de 30 de julho do mesmo ano, o intendente de Polícia informava ao ministro de Estado dos Negócios Estrangeiros e da Guerra, D. Rodrigo de Souza Coutinho, conde de Linhares, que mantinha presos outros dois franceses pelo fato único de serem franceses:

> Ill.mo e Ex.mo Senhor, tenho há muitos tempos na cadeia Luis Nicolau e José Merinier, franceses. Este preso na Corte e aquele na vila das Alagoas por serem franceses e ter-se suspeitas de que poderiam ser espias. Mas dos processos estão elas desvanecidas ou, ao menos, não são bem fundadas. E estou que não devem aqui estar, e entendia que em algum brigue de guerra ou nos correios deveriam ser mandados para Portugal, para seguirem para a Inglaterra e limparmos o Brasil desta raça que julgo aqui muito prejudicial porque assim se tem mostrado em toda parte, não parecendo humano nem prudente que, sem culpa, apodreçam na cadeia.[102]

Apesar de não serem culpados de nenhum crime e, por isso, sua prisão parecer *desumana* ao intendente, estava fora de cogitação pôr os dois franceses em liberdade, preferindo-se enviá-los para a Inglaterra, por precaução. Em setembro, Vianna ordenava ao juiz do

---

[102] Arquivo Nacional. Polícia da Corte. Códice 323, vol. 3, f. 60.

Crime do bairro da Candelária, Agostinho de Petra Bitancourt, que embarcasse os dois franceses no primeiro navio que estivesse de partida para Lisboa.[103] Símbolo das mudanças pelas quais passava a cidade, elemento de difusão cotidiana do *processo civilizador*, também os métodos de atuação da polícia pareciam *pouco civilizados* ao julgamento de Luccock. Principalmente pelo recurso à tortura:

> Fomos de novo procurar pelo Ministro [da Polícia] que (...) informou-nos que o indivíduo fora preso desde a noite que se seguira ao furto e que tendo tido os polegares torturados, não confessara o delito; acrescentou achar que isso provinha mais de dureza do que de inocência, lembrando a conveniência de uma segunda tortura. Alarmados com a idéia, pedimos que não se recorresse a tal medida.[104]

Significativamente, muito do melhoramento que Luccock observa na cidade em 1813 e 1818 devia-se, segundo sua avaliação, ao contato com os representantes dos *povos civilizados*:

---

[103]Arquivo Nacional. Polícia da Corte. Códice 329, vol. 1, f. 89 e 89v.
[104]LUCCOCK, op. cit., p. 92.

Quando da minha primeira estada, havia muitas relações entre ingleses e gente da terra. Os estrangeiros faziam o que podiam por acompanhar os gostos e as maneiras dos residentes; no entanto e a pouco e pouco, sendo as visitas feitas e pagas, nossos modos e usos foram se introduzindo entre eles.[105]

O *processo civilizador* por que passa a sociedade do Rio de Janeiro pode ser interpretado, então, como um processo de *europeização dos hábitos* da população colonial. Tal processo, segundo Gilberto Freyre, teria representado a face cultural da derrocada do monopólio comercial português, com o estabelecimento de um monopólio econômico e cultural franco-britânico, onde os franceses se especializaram no comércio de luxo e da moda, e os ingleses concentraram-se nos produtos da sua revolução industrial. Dessa forma, a substituição, por produtos ingleses, dos produtos orientais que chegavam ao Brasil desde o início da sua colonização através de Portugal, senhor de múltiplas colônias no Oriente, é o aspecto material desse *processo*

---

[105]Ibid., p. 83. Concentrando-se no Primeiro Reinado, Debret também atribui ao convívio com os europeus os *progressos da Civilização* por que passa a sociedade do Rio de Janeiro: "Os progressos sempre crescentes da Civilização brasileira serviram então os desejos de D. Pedro, permitindo dar-se aos aposentos imperiais toda a elegância de detalhes que encantam nos hábitos europeus." DEBRET, op. cit., vol. 3, p. 85.

civilizador. Freyre se refere à substituição das sedas e cetins orientais por fazendas de algodão inglesas, assim como a substituição de louças asiáticas por inglesas (o *Almanaque do Rio de Janeiro*, de 1792, mencionava a existência de nada menos do que doze lojas de louça da Índia no Rio de Janeiro).

Os leilões também tiveram importância muito grande nessa difusão dos artigos ingleses. Utilizado originalmente pelos comerciantes ingleses como expediente para se desfazerem do excesso de estoque que trouxeram para o Rio de Janeiro, os famosos *leilões de ingleses*, nas palavras de Freyre, "serviram para educar muito brasileiro em assuntos de conforto doméstico".[106] Enquanto Olga Pantaleão nos informa que, já em 1808, numerosos leilões foram feitos no Rio de Janeiro. E o leiloeiro inglês ficou sendo figura importante nos meios cariocas.[107] O próprio Luccock apelou para esse expediente, pelo menos uma vez, durante sua estada no Brasil. Vindo como representante da firma & Co., da cidade de Leeds, ele pensava negociar com lãs, tanto ordinárias quanto superfinas, esperando encontrar facilidade em vendê-las. Não encontrando no Rio, porém, um mercado favorável, deslocou-se para

---

[106]FREYRE, op. cit., p. 121.
[107]PANTALEÃO, O. "A presença inglesa". In: HOLANDA, S. B. de (org.). *O Brasil monárquico — O processo de emancipação*, p. 77.

o Sul. Mas aí as condições também não eram convenientes aos negócios. A falta de moeda corrente dificultava qualquer negócio. Sem compradores, Luccock foi obrigado a liquidar em leilão grande parte de seu estoque e, ao fim de três anos, embarcou para a Inglaterra. Retornou ao Brasil pouco tempo depois com novo estoque de mercadorias, mais adequado às condições do comércio local.

O comércio e a classe comercial assumem, dessa forma, importante papel como incentivadores e difusores dos novos *hábitos civilizados*, embutidos nas mercadorias que traziam do centro do *mundo civilizado*. Os ingleses e franceses no Brasil, ao fim e ao cabo, comerciavam não apenas moda ou produtos industrializados, mas *Progresso* e *Civilização*.[108]

Dessa forma, à medida que a Corte se deixava ficar no Rio de Janeiro, mesmo após a expulsão dos fran-

---

[108] Não é outro o motivo pelo qual o padre Gonçalves dos Santos concede especial importância à Carta Régia de Abertura dos Portos. Estava difundida na mentalidade da época a idéia de que o comércio e a indústria eram os dois principais agentes do progresso e da Civilização. No seu livro, ele fornece uma definição lapidar de Civilização e seus componentes, que chama a atenção para esse fato, assim como para a necessidade de contato com as *nações civilizadas*: "Sendo a mútua comunicação dos povos a origem da Civilização, pois por meio dela gira o comércio, aumenta-se a indústria, aperfeiçoam-se as artes, difundem-se os conhecimentos científicos, estreitam-se os laços da sociedade e consolida-se o corpo da nação." Cf. SANTOS, op. cit., vol. 1, p. 316.

ceses de Portugal, atraindo europeus do centro da *Civilização*; modificando o espaço urbano e os seus usos pela atuação da Intendência de Polícia; e protagonizando aquela *interiorização da metrópole* de que fala Maria Odila da Silva Dias, exemplificada nos investimentos locais que faziam os principais homens de negócios da Corte;[109] a cidade começa a exercer, nas palavras de Oliveira Lima, um *efeito centrípeto de Civilização* sobre toda a colônia. Exercendo o papel de centro difusor para o restante da colônia daquele do *processo civilizador* de matriz européia ligado à instalação da Corte na cidade.

---

[109]DIAS, M. O. da S. "A interiorização da metrópole (1808-1853)". In: Mota, C. G. *1822: Dimensões,* p. 160 a 184.

Transformações na *urbs* colonial

Quando recebeu a notícia da transferência da Família Real para o Rio de Janeiro, em 14 de janeiro de 1808, D. Marcos de Noronha e Brito, conde dos Arcos, último vice-rei do Brasil (1806-1808), que preparava a cidade para uma possível invasão britânica devido à diplomacia portuguesa na conturbada conjuntura política da época,[110] teve de mudar de planos e se apressar em adaptar a cidade para receber o príncipe regente e sua Corte.

Uma preocupação principal deve ter passado pela cabeça do vice-rei no momento em que recebeu a notícia: como receber e alojar de forma adequada a Família Real e a nobreza portuguesa trasladada na acanhada cidade de São Sebastião do Rio de Janeiro? Apesar de ser a capital da colônia, o Rio de Janeiro era

---

[110] A esse respeito, ver: LIMA, O. *D. João VI no Brasil*, p. 21 a 41; SCHWARCZ, L. M. *A longa viagem da biblioteca dos reis*, p. 234.

uma cidade pequena em 1808. Seu núcleo principal estava confinado pelos Morros do Castelo, de São Bento, de Santo Antônio e da Conceição, formando um quadrilátero irregular, e cujos arrabaldes não se estendiam além do Campo de Santana. De acordo com a *Planta da Cidade do Rio de Janeiro*, de 1808, mandada levantar pelo príncipe regente e editada em 1812, a cidade possuía então apenas 49 ruas, quatro travessas, cinco becos e sete campos ou largos. Oliveira Lima descreve a cidade encontrada por D. João da seguinte maneira:

> As ruas estreitíssimas, lembrando mourarias; as vivendas sem quaisquer vislumbres de arquitetura, afora possíveis detalhes de bom gosto, um portal ou uma varanda; os conventos numerosos, mas simplesmente habitáveis; exceção feita dos de São Bento e Santo Antônio (...); as igrejas, luxo de toda cidade portuguesa, freqüentes porém inferiores nas proporções e na decoração de talha dourada às da Bahia (...); o plano da cidade por fazer, cruzando-se quase todas as congostas num vale mais largo, sem cálculo, sem precauções mais do que a de aí conservar no desenho um arremedo de taboleiro [sic] de xadrez, espraiando-se o resto das moradias, ao Deus-dará, pelas outras campinas sitas ao sopé dos morros escarpados.[111]

Essa e semelhantes descrições, facilmente encontradas na historiografia sobre o período joanino, ressaltam

---

[111] LIMA, op. cit., p. 67.

a necessidade de adaptação da cidade para a instalação da Corte portuguesa. Necessidade de adaptação, em primeiro lugar, do principal edifício da cidade para a instalação da Família Real. O Paço dos Governadores, construído em 1743 por Gomes Freire de Andrade, conde de Bobadela, governador do Rio de Janeiro por trinta anos (1733-1763), ia passar pela sua terceira promoção em menos de um século de existência (de Paço dos Governadores a Paço dos Vice-reis e, então, a Paço Real), mas continuava a ser um "casarão mesquinho e exíguo", nas palavras de Luiz Edmundo.[112] Dessa forma, além de sofrer grandes reformas no seu interior, que foi todo pintado e forrado de sedas e tapetes, segundo informação dos cronistas e da historiografia, devido às suas pequenas dimensões, teve que ser anexado aos edifícios vizinhos para melhor acomodar a Família Real e os serviços de administração do Império português.[113]

---

[112]EDMUNDO, L. *A Corte de D. João no Rio de Janeiro*, p. 557.

[113]Nas contas do comerciante inglês John Luccock, a Família Real e os seus serviçais montavam a cerca de trezentas pessoas (LUCCOCK, J. *Notas sobre o Rio de Janeiro e partes meridionais do Brasil*, p. 65). É necessário não esquecer, porém, que D. João viveu pouco tempo no Paço Real, mudando-se logo para a Quinta da Boa Vista, doada pelo comerciante Elias Antônio Lopes. Também D. Carlota Joaquina não ficou ali muito tempo. Mudava constantemente de moradia, tendo habitado em Botafogo, em Mata-Porcos e em outros pontos da cidade, repetindo no Rio de Janeiro o hábito cultivado em Lisboa de morar separada de D. João. Lília Schwarcz afirma que D. João teria se mudado para a Quinta da Boa Vista apenas em 1820, mas não diz de onde tirou tal informação (SCHWARCZ, L. M. *As barbas do imperador*, p. 209).

Assim, o Convento do Carmo foi ligado ao Paço Real por um passadiço elevado, repousado sobre arcos, construído sobre a rua Direita. Ali foram instalados os aposentos da rainha D. Maria I e de suas damas, a ucharia, as cozinhas e o corpo da guarda do Paço. Seus primitivos habitantes, os frades carmelitas, foram transferidos para o mosteiro dos capuchinhos italianos, os quais foram se abrigar na casa dos romeiros da igreja de Nossa Senhora da Glória do Outeiro. Mas, como diz o memorialista oitocentista Moreira de Azevedo (1832-1903), "não julgando-se bem acomodados, pediram os frades do Carmo o Seminário da Lapa do Desterro para asilo seu".[114]

Por meio de outro passadiço, foi anexada ao Paço Real a Casa da Câmara e Cadeia, que ficou destinada para a moradia dos criados do Paço. Os presos foram transferidos para a cadeia do Aljube, antes destinada apenas à reclusão de eclesiásticos. A Câmara Municipal, informa-nos o romancista, cronista e professor de história do Imperial Colégio de D. Pedro II, Joaquim Manuel de Macedo (1820-1882), já tinha deixado a Casa da Câmara antes da chegada da Família Real, cedendo-a para o Tribunal da Relação e indo estabelecer-se no Arco do Teles.[115] O Tribunal da Relação,

---

[114]AZEVEDO, M. de. *O Rio de Janeiro: sua história, monumentos, homens notáveis, usos e curiosidades*, vol. 1, p. 119.
[115]MACEDO, J. M. de. *Um passeio pela cidade do Rio de Janeiro*, p. 28/29.

por sua vez, instalado ali desde algum tempo, teve que se retirar, alugando (e depois comprando) uma casa na rua do Lavradio.

Todo o movimento gerado pela adaptação do Paço Real à sua nova função já nos dá uma idéia do tamanho do transtorno causado pelas necessárias adaptações da cidade para a instalação da Corte trasladada. Mas, a instalação da Família Real foi somente a menor das dores de cabeça do conde dos Arcos. Juntamente com o príncipe regente, chegava um número impreciso de nobres.[116] Para resolver esse problema foi instituída a mal-afamada Aposentadoria Real. Essa instituição, que vigorou até 1818, consistia no direito que os nobres emigrados tinham de requisitar, para sua moradia, a casa que mais lhes agradasse. O morador da residência requisitada era informado e tinha 24 horas para deixá-la. E houve nobres que abusaram do direito, requisitando casa nova três

---

[116] O total dos emigrados que seguiram o príncipe regente é motivo de controvérsias até hoje, e as estimativas variam entre vinte mil (número encontrado em autores como Luiz Edmundo e Oliveira Lima) e quinhentas pessoas (total a que chega Nireu Cavalcanti em estudo recente sobre o Rio de Janeiro setecentista). Para uma visão geral sobre a controvérsia em torno do número total de emigrados, ver SCHWARCZ, L. M. *A longa viagem da biblioteca dos reis*, p. 216 a 218. Mas, para além dessa discussão, que permanece inconclusa, tendo a concordar com o julgamento final de Cavalcanti, quando diz que mesmo que fossem apenas quatrocentos e cinqüenta ou quinhentos os nobres que acompanharam a Família Real na travessia do Atlântico, "são números que não atenuam em nada o impacto que sobre o Rio de Janeiro representou a transferência da Corte portuguesa" (CAVALCANTI, N. *O Rio de Janeiro setecentista*, p. 97).

ou quatro vezes, e morando sem pagar um real de aluguel durante os dez anos de vigência das aposentadorias. A instituição foi logo apelidada pela população da cidade de *Ponha-se na Rua* devido às iniciais PR (Príncipe Regente) que se pintava na porta das casas requisitadas. Apesar dos transtornos que causava, Oliveira Lima, no seu esforço de reabilitação da figura de D. João, querendo fazer crer que as aposentadorias foram aceitas de bom grado pela população da cidade como um serviço prestado ao rei e à monarquia, afirma que:

> A bonomia nacional se não alterou com semelhante aplicação do regime das aposentadorias, parecendo ser de todo ponto exato (...) que a cessão das casas foi feita no geral da melhor vontade, com uma encantadora franqueza, porventura por alguns com mira interesseira, mas por muitos com o prazer íntimo de serem úteis, cada um na sua esfera, à Família Real exilada e ao seu séquito.[117]

Mas Joaquim Manuel de Macedo, ao contrário, afirma que as aposentadorias "tornaram-se logo em um tormento insuportável".[118] O cronista descreve a referida instituição como um *adeus ao direito de propriedade*:

> Não houve habitantes da cidade do Rio de Janeiro que dormisse [sic] tranqüilo na sua casa própria, e que acordasse

---
[117]LIMA, op. cit., p. 132/133.
[118]MACEDO, op. cit., p. 30.

com a certeza de anoitecer debaixo do mesmo teto. Quanto mais bela e vasta era uma casa, mais exposta ficava ao *quero absoluto* dos privilegiados. [grifado no original][119]

E a carência de moradias foi uma preocupação constante, na medida em que a imigração de reinóis e estrangeiros continuou durante todo o período joanino, causando acentuado crescimento populacional na cidade, que, segundo alguns autores, chegou praticamente a dobrar.[120] Segundo nos informa Lília Schwarcz, alguns

---

[119]Ibid., p. 29.
[120]O padre Gonçalves dos Santos e John Luccock são acordes em calcular uma população de cerca de sessenta mil habitantes para o Rio de Janeiro em 1808 (SANTOS, L. G. dos. *Memórias para servir à história do reino do Brasil*, tomo 1, p. 58; e LUCCOCK, op. cit., p. 28), enquanto diz José Luiz Werneck da Silva que em 1821 a população da cidade alcançou o total de 112.695 habitantes (SILVA, J. L. W. da. "O crescimento da cidade do Rio de Janeiro: de cidade colonial à Corte imperial 1763-1831". In: SILVA, J. L. W.; NEDER, G.; NARO, N. *A polícia na Corte e no Distrito Federal*, p. 17). Gladys Sabina Ribeiro apresenta um crescimento mais modesto para a população do Rio de Janeiro nesse período, afirmando que em 1821 a população da cidade seria de 79.321 habitantes, sendo 36.182 escravos e 43.139 livres (RIBEIRO, G. S. "A cidade em branco e preto: Trabalhadores portugueses na Corte do Rio de Janeiro no início do século XIX". In: *Anais do Seminário Internacional D. João VI: Um rei aclamado na América*, p. 263). Utilizando, para chegar a esses números, os dados do censo de 1821, coletados em documentação do Arquivo Nacional (Códice 808, volume 4). A discrepância entre os números citados por Werneck da Silva e Sabina Ribeiro pode ser explicada pelo fato dos dados do censo de 1821 se referirem apenas à população urbana da cidade, o que excluía suas freguesias rurais, como sugere Luiz Felipe de Alencastro, que também cita os dados desse mesmo censo (ALENCASTRO, L. F. de. "Vida privada e ordem privada no Brasil". In: _____ (org.). *Império: A Corte e a modernidade nacional*, p. 13).

proprietários se defendiam da lei das aposentadorias realizando, ou simulando, obras eternas nas suas residências. Como no caso, relatado por Moreira de Azevedo, de D. Isabel Maria, que:

> Tendo cedido já dois prédios, em que habitava, para os fidalgos de El-Rei, viu-se tão perseguida (...) que retirou-se para uma casinha da rua dos Barbonos; e necessitando, por ter família numerosa, de muitas acomodações, levantou um sobrado no prédio que ocupava; mas concluindo-o interiormente e nos fundos, deixou a frente sem reboco e sem vidros, para não ser a casa apetecida pelos nobres; e só assim pôde fixar sua residência![121]

Cabendo à Intendência Geral de Polícia também aquilo que Oliveira Lima denominou de *serviços de edilidade*, tal artifício levava a ordens constantes do intendente para que se concluíssem os prédios inacabados.[122] Como no ofício expedido ao juiz do Crime do bairro da Sé, José Barrozo Pereira, em 25 de maio de 1811, no qual Paulo Fernandes Vianna ordena que o dito magistrado "examine no seu distrito quais são as casas principiadas e não acabadas por paradas, e os terrenos que se não edificam de que a

---

[121] AZEVEDO, op. cit., vol. 1, p. 16.
[122] LIMA, op. cit., p. 155.

cidade tanto necessita".[123] O juiz do Crime deveria instar junto aos proprietários para que concluíssem as obras, sob pena de se arrematar a obra e mandá-la realizar por pedreiro contratado pela Intendência, cobrando-se depois a conta do proprietário. Há, na documentação consultada, pelo menos um exemplo de aplicação de tal medida, em ofício expedido ao juiz do Crime do bairro de São José, em 22 de janeiro de 1812:

> Remeto a V.M. a conta do que se despendeu por Ordem desta Intendência nas casas em que mora o Coronel Domingos Álvares e pertencem a José Joaquim Saldanha que, sendo avisado para fazer estes concertos [*sic*] e de os pagar, nada fez. E como já lhe foi mandada a conta e ele não pagou, V.M. mandará notificá-lo para que, em 24 horas, entregue a quantia de que a conta trata. (...) Passado este prazo mandará logo V.M. penhorar uma das propriedades das muitas que ele possui, que possa chegar para este pagamento e a ponha em praça depois de avaliada para se vender, e ser esta Intendência satisfeita.[124]

A adaptação do Paço e a instituição da Aposentadoria Real são apenas os exemplos mais significativos

---
[123]Arquivo Nacional. Códice 329, vol. 1, f. 54v.
[124]Arquivo Nacional. Códice 329, vol. 1, f. 127v.

de uma série de transformações pelas quais teve necessariamente que passar o espaço urbano do Rio de Janeiro para a instalação da Corte portuguesa na cidade. Modificações que ocorrem de forma contínua durante todo o período joanino. Por um lado, a adaptação de imóveis para a instalação dos serviços do Paço e dos outros órgãos necessários à administração do Império levou à redefinição desses espaços, dotando-lhes de um simbolismo diverso daquele que tinham até então. Por outro lado, o aumento da população levou à necessidade de ocupação dos espaços vazios ou mal aproveitados da cidade, de investimentos na sua precária infra-estrutura e de expansão dos seus limites geográficos. Porém, nem tudo era mudança no Rio de Janeiro de D. João. Havia, ao mesmo tempo, a permanência de algumas tradições no espaço urbano da cidade. Espaços que resistiam às mudanças físicas e/ou simbólicas impostas pela instalação da Corte.

Rio de Janeiro, Corte e Cidade-capital

Em ofício expedido, em 12 de setembro de 1813, ao intendente geral de Polícia da cidade de Lisboa, João de Mattos Vasconcelos Barbosa de Magalhães, Paulo Fernandes Vianna informa àquela autoridade que compreendia sua impossibilidade de enviar para o Rio de Janeiro os três calceteiros e três hortelões que ele, Vianna, lhe havia solicitado. Mas ressaltava que,

> (...) no caso de receber esta ainda a tempo, *prescinda dos hortelões mas não dos calceteiros*, sendo eles bons como foram os que já vieram, que existem mui contentes, e que ganham bom dinheiro. (...) e pode ficar muito certo de que eles estão contentes e nunca mais quererão ir para aí por estarem a fazer boa conveniência não só com as obras certas desta Intendência, mas principalmente com as empreitadas que lhes tenho permitido que tomem com os particulares. Trazem já escravos seus no mesmo trabalho, e cedo terão eles só oficiais seus escravos para fazerem seus todos os lucros.[125] [grifos meus]

Em outro ofício, que antecede a esse em dois anos (21 de maio de 1811), dirigido ao ministro de Estado dos Negócios do Ultramar, D. João de Almeida Melo e Castro, conde das Galveas, Vianna já havia chamado a atenção para a necessidade de promover a vinda de calceteiros para a cidade, devido ao "mau estado das calçadas desta Corte".[126] Pedia, então, a Galveas que providenciasse a vinda da ilha da Madeira de

---

[125]Arquivo Nacional. Polícia da Corte. Códice 325, vol. 1, f. 153v.
[126]Arquivo Nacional. Polícia da Corte. Códice 323, vol. 3, f. 47.

"dúzia e meia de oficiais hábeis de calceteiro"[127], que seriam sustentados pela Intendência: "pois só assim terei esperanças de ver algum dia esta Corte com boas ruas."[128] Diante desses ofícios cabe questionar sobre o vulto das modificações pelas quais passou o Rio de Janeiro com a instalação da Corte portuguesa. Que cidade era essa, que passava por tamanho volume de obras a ponto de poder prescindir de hortelões, mas não de calceteiros, e que dá a estes últimos tão boas condições de prosperidade material?[129]

A obra do padre Luís Gonçalves dos Santos nos permite vislumbrar o vulto dessas mudanças que estão ocorrendo na cidade nesse momento. O padre cronista na introdução de suas *Memórias para servir à história do reino do Brasil* faz uma descrição do estado em que se encontrava a cidade do Rio de Janeiro por ocasião da chegada da Corte. Em suas palavras era *interessante* descrever o que ela era antes da chegada de D. João,

---

[127] Ibid.
[128] Ibid.
[129] É necessário ressaltar que a maioria absoluta dos melhoramentos urbanos empreendidos nesse período foi feita com mão-de-obra escrava. Geralmente, de negros cativos que cumpriam pena trabalhando nos serviços públicos, negros de ganho ou de aluguel. Porém, o que esses documentos nos informam é que, para serviços mais especializados, era utilizada mão-de-obra livre, ao menos a princípio, mas que pode ter sido progressivamente substituída pela mão-de-obra escrava, uma vez que, como mostra a documentação, esses artífices ensinavam seu ofício aos escravos.

para comparar-se com o que se tornou depois.[130] Chamar a atenção para as modificações que a *real presença d'El-Rei* trouxe ao espaço urbano da cidade é, na narrativa do padre Gonçalves dos Santos, uma forma de fazer o elogio *dos paternais desvelos, e saudáveis providências* tomadas pelo príncipe regente. Para o autor, tanto as benfeitorias promovidas por decretos de D. João, quanto as adaptações feitas para a acomodação da Corte transmigrada, inevitáveis devido ao grande aumento populacional que o Rio de Janeiro sofreu, seriam fruto da preocupação intencional da Coroa em dotar a nova sede da monarquia portuguesa com os ares de uma Corte européia.

Como ressaltou Ilmar R. de Mattos, "a instalação da Corte portuguesa no Rio de Janeiro em 1808 e o

---

[130]"Como a cidade do Rio de Janeiro, por isso que é a Corte do Brasil, muito tinha participado dos paternais desvelos, e saudáveis providências de S.M., fazendo em tão poucos anos rápidos progressos em população, edifícios, comércio, artes, indústria, e outros muitos bens, que lhe trouxe a real presença d'El-Rei N.S., julgo ser interessante à história dar uma abreviada descrição do seu estado, antes da feliz vinda de S.M., para que, combinando-se o que foi com o que é presentemente, e virá a ser para o futuro, mais facilmente se possa conhecer o seu aumento, e o quanto se deve à benfeitora e régia mão, que tanto a tem melhorado, e engrandecido" (SANTOS, op. cit., tomo 1, p. 34). Em notas de rodapé, o autor tenta dar conta das mudanças ocorridas entre 1808 e 1820 (ano em que redigiu a introdução). A continuação das mudanças na cidade, entre 1820 e o ano da publicação das suas *Memórias*, levou o padre Gonçalves dos Santos a escrever algumas *Adições às notas*, em seguida a essa (SANTOS, op. cit., tomo 1, p. 64 e 65).

projeto de refundação do Império português nos trópicos provocariam transformações nos papéis e funções atribuídos àquela cidade colonial da América portuguesa".[131] A elevação da cidade à categoria de capital do Império português ampliou suas funções de centro administrativo e porto.[132] Fenômeno explicado pelo autor pela utilização da metáfora das *duas portas da cidade colonial*. Afirma Ilmar de Mattos que:

> Desprovida das muralhas que caracterizavam as cidades do mundo antigo e medieval, a cidade colonial possui "duas portas": a que se abre para o exterior, para o reino e, por extensão, para o Império colonial português; e a que se abre para o interior, para a região colonial, que ela gerou, ordena e polariza, e conseqüentemente para o sertão.[133]

---

[131]MATTOS, I. R. de. "O Rio de Janeiro e a experiência imperial". In: AZEVEDO, A. (org.) *Rio de Janeiro: Capital e capitalidade*, p. 82.
[132]Segundo Ilmar Rohloff de Mattos, "em que pesem os esforços de muitos em identificar uma unidade nacional em gestação desde o período colonial, a realidade construída pelo processo de colonização foi bem outra": a de formação de *regiões* (MATTOS, I. R. de. *O tempo Saquarema*, p. 23). Para ele, a *cidade colonial* sintetizaria o exercício da dominação metropolitana sobre a *região* colonial e se distinguiria, antes de tudo, pelas funções de porto na *região de agricultura-mercantil-escravista* (a "marinha"), e centro administrativo (isto é, fiscal e militar) na *região de mineração-escravista* (as "minas"). A cidade não apenas gerava a *região*; ela também a ordenava, espacial e socialmente.
[133]MATTOS, I. R. de "O Rio de Janeiro e a experiência imperial". In: AZEVEDO, A. (org.) *Rio de Janeiro: Capital e capitalidade*, p. 82.

Nesse momento intensificou-se não apenas o movimento da *porta* da cidade que se abria para o exterior, por onde passaram a entrar novas mercadorias, novas pessoas, novos hábitos e novas idéias; mas também se alterou radicalmente o papel atribuído à *porta* que se abria para o interior, a qual agora, segundo Mattos, deveria ordenar não apenas uma região e sim o conjunto das regiões do reino do Brasil. E não somente do reino do Brasil, eu diria, mas da totalidade do Império português, uma vez que órgãos administrativos instalados no Rio de Janeiro, como o Desembargo do Paço ou a Mesa da Consciência e Ordens, se ocupavam com requisições vindas de todas as partes do Império.[134]

A ampliação da atividade comercial, por sua vez, provoca a inversão do fluxo comercial tradicional a partir do seu porto (de eminentemente exportador para

---

[134] Caso, por exemplo, do Real Erário do Brasil, criado em 28 de junho de 1808, e sobre o qual dizia o padre Gonçalves dos Santos que se dividia "em quatro secções, uma tesouraria-mor, e três contadorias gerais; destas a primeira contadoria tem a seu cargo a contabilidade desta Corte, e Província do Rio de Janeiro; a segunda, a contabilidade das capitanias gerais de Minas, São Paulo, Goiás, Mato Grosso, Rio Grande de S. Pedro, Santa Catarina, *África Oriental, e Ásia Portuguesa*; a terceira, a contabilidade das capitanias gerais da Bahia, Pernambuco, Maranhão, Piauí, Ceará, Pará, *ilhas da Madeira, Açores, Cabo Verde, e África Ocidental*" [grifos meus] — SANTOS, op. cit., tomo 1, p. 215.

importador) e a abertura de estradas ligando o interior à cidade (que favorecia o abastecimento da capital, mas também a integração da região "sul" da colônia).[135] A cidade do Rio de Janeiro abria a *porta* voltada para o interior da colônia para que por ela passassem os comportamentos, valores, símbolos e signos identificadores e propiciadores da *civilização* que chegavam à colônia pela *porta* que se abria para o exterior, exercendo aquele efeito *centrípeto de Civilização* a que se refere Oliveira Lima e ao qual me referi no capítulo anterior.[136] Mas esses comportamentos, valores, símbolos e signos não apenas *passavam* pelo Rio de Janeiro em direção às diversas regiões da América portuguesa, mas *se expressavam* nesse espaço mesmo. Enquanto Corte e capital do Império, seu espaço urbano devia refletir o *projeto civilizatório* de matriz européia posto em prática por D. João, servindo de espaço de exemplaridade para as outras partes do Império português.

A partir de então, a cidade do Rio de Janeiro pode

---

[135] Segundo Hélio Viana (*História do Brasil*), citado por José Luiz Werneck da Silva, no ano da abertura dos portos (1808) entraram no Rio de Janeiro 765 navios portugueses e 90 estrangeiros; em 1816 (primeiro ano do Brasil Reino) foram 1.460 navios, sendo 398 de longo curso e 1.062 de cabotagem; e em 1820 (último ano de integral permanência de D. João no Rio de Janeiro) entraram 1.665 embarcações, sendo 59 portuguesas de guerra, 153 portuguesas de comércio internacional, 1.089 portuguesas de cabotagem e 354 estrangeiras. Cf. SILVA, op. cit., p. 16.
[136] Ver página 95.

ser considerada um exemplo daquilo que Giulio Carlo Argan denomina de uma *cidade-capital*. Segundo a argumentação desse autor, o surgimento das cidades-capitais está intimamente relacionado ao processo de estabelecimento das monarquias absolutistas européias no século XVII.[137] A centralização dos poderes determinou, então, o predomínio de uma cidade que se tornou sede da autoridade do Estado, dos órgãos de governo, da administração pública e das representações diplomáticas que regulavam as relações entre os Estados. Diz Argan que a função representativa da cidade-capital fazia com que ela tendesse a perder seu caráter municipal. Mesmo suas transformações internas não ocorriam mais por iniciativa dos cidadãos ou da sua municipalidade, mas pela intervenção da autoridade política. Prevalecia, então, a vontade do soberano e do governo, que queriam fazer da cidade-capital a imagem do Estado e do poder. Concebidas como um palco apropriado para a encenação do poder, as cidades-capitais eram espaços de produção de imagens voltadas para a implementação de determinada ordem social e política.[138]

---

[137] ARGAN, G. C., "A Europa das capitais". In: *Imagem e persuasão: ensaios sobre o barroco*, p. 71.
[138] Segundo Angel Rama, as cidades-capitais latino-americanas, além de serem centros político-administrativos, eram centros intelectuais envolvidos numa "missão civilizadora", primeiro ligada à imposição da ordem colonial e, depois, à elaboração de um discurso sobre a formação, composição e definição da nação. RAMA, A. *A cidade das letras*, p. 37.

A cidade colonial exerce, em primeiro lugar, a função de núcleo irradiador da colonização. Como diz Ilmar de Mattos: "De modo bastante resumido, na América de colonização portuguesa a cidade colonial é, antes de tudo, o ponto de partida da atividade colonizadora."[139] Sendo as cidades os centros irradiadores da colonização, de onde se partia para pacificar e conquistar as áreas circunvizinhas, os homens daquilo que se convencionou chamar *Idade Moderna* (séculos XV a XVIII), preservavam ainda a concepção grega que identificava a *pólis* à *Civilização*. Pode-se perceber a permanência desse pensamento que identifica *cidade como centro de civilização* ainda ao longo de todo o século XIX. Segundo o dicionário de Moraes e Silva, *urbanizar* significava *fazer urbano, civilizar.*[140] Referindo-se à criação

---

[139]MATTOS, I. R. de. "O Rio de Janeiro e a experiência imperial". In: AZEVEDO, A. N. de. (org.) *Rio de Janeiro: Capital e capitalidade,* p. 82. Também Maria Fernanda Bicalho vai chamar a atenção para a função política e estratégica dos núcleos urbanos no seio do Império ultramarino português: "ponto de partida para a colonização e centro nevrálgico para a consolidação do território e do domínio luso no além-mar" (BICALHO, M. F. *A cidade e o Império,* p. 168). Rodrigo Bentes Monteiro, por sua vez, referindo-se à fundação de cidades na região de mineração, afirma que esse ato representava maior presença do poder colonizador naquela região por muito tempo conturbada. O autor chama a atenção para alguns simbolismos que explicitavam a associação entre a fundação de cidades e o domínio régio (MONTEIRO, R. B. *O rei no espelho,* p. 291).
[140]Apud, CAVALCANTI, op. cit., p. 284.

de vilas e à elevação de vilas à categoria de cidades por D. João, o padre Gonçalves dos Santos ressalta o *caráter civilizador* da medida:

> (...) o nome de cidade, sendo dado a qualquer povoação, muito concorre para a civilização, e melhoramento dos costumes, influindo nos seus habitantes novos brios, e maior elevação de espírito, donde provém o asseio das suas pessoas, e da mobília das suas casas, serem estas construídas com mais elegância e solidez, os edifícios públicos respirarem magnificência, e formosura, e outras muitas conseqüências úteis, e interessantes, não só ao bem dos particulares, mas também do Estado.[141]

A *abertura das portas* da cidade, a partir da sua transformação em sede da Corte portuguesa, ampliou seu papel como núcleo irradiador de civilização, agora não mais apenas para a *região* sob sua influência direta, mas para o conjunto do território colonial português da América. O sociólogo alemão Norbert Elias, no seu clássico estudo sobre *A sociedade de Corte*, chamou a atenção para o papel central que a Corte desempenhava na constituição do Estado Absolutista e nas sociedades de Antigo Regime. Segundo esse autor, durante

---

[141] SANTOS, op. cit., tomo 2, p. 207.

o Antigo Regime, não era propriamente a cidade que influenciava o país, mas a Corte e sua sociedade. A cidade apenas imitava a Corte.[142]

É essa nova função atribuída ao Rio de Janeiro que vai guiar as ações edilícias da Intendência de Polícia. Essas intervenções, ao procurar adequar o espaço urbano à sua função de Corte, tornavam a cidade mais *civilizada*, segundo a mentalidade dos homens do início do século XIX. Isso, apesar de haver, durante o período joanino, relativamente pouco investimento na construção de imóveis para abrigar as novas instituições culturais e todo o aparato burocrático-administrativo do Império. Construções que poderíamos denominar de *marcos físicos de poder e Civilização* e cuja presença no espaço urbano deveria refletir, através de sua arquitetura e de sua função, a magnificência, o poder e a *Civilização* do Império. Havia-os, porém. Como por exemplo, o Real Teatro São João (situado no Largo do Rossio e inaugurado em 1813), a Casa da Moeda (situada na rua do Sacramento e concluída em 1814), o Quartel do Campo de Santana (concluído em 1818), que abrigava divisões da Guarda Real de Polícia e Regimentos das Tropas de Linha, ou a nova praça do Comércio, obra do arquiteto francês Grandjean

---

[142]ELIAS, N. *A sociedade de Corte*, p. 62.

de Montigny (inaugurada em 1820).[143] Sede da monarquia e capital do Império português, o Rio de Janeiro torna-se então, nas palavras de José Neves Bittencourt, *o suporte da memória da dinastia portuguesa*:

> Tratava-se de criar um palco no qual pudessem transitar, com desenvoltura, os membros da nobreza e burocratas que expressariam a importância da formação política que representavam. A cidade também pode ser vista como uma espécie de monumento ao governante que a erigiu, bem como à competência dos auxiliares que levaram a cabo o projeto.[144]

O mais comum era que as novas instituições ocupassem espaços já existentes, redefinindo o simbolismo que possuíam anteriormente. É o caso, por exemplo, da instalação da Biblioteca Real. Os livros trazidos de

---

[143] Ao lado dos quais poderíamos lembrar ainda do Real Horto (inaugurado em 1808), situado, porém, em um arrabalde afastado da cidade. A meu ver, é supervalorizado o papel da arquitetura neoclássica e da Missão Artística Francesa no legado arquitetônico do período joanino. As obras mais expressivas de Montigny, como o edifício da Academia de Belas-Artes ou a praça do Mercado, ficariam prontas apenas posteriormente (o primeiro em 1826 e o segundo apenas em 1841). A própria praça do Comércio foi inaugurada apenas no final do período joanino.

[144] BITTENCOURT, J. N. "Iluminando a colônia para a Corte". In: *Anais do Seminário Internacional D. João VI: Um rei aclamado na América*, p. 117.

Lisboa foram instalados no Hospital da Ordem Terceira de Nossa Senhora do Carmo, tendo os doentes de passar para o Recolhimento de Nossa Senhora do Parto.[145] As recolhidas foram, por sua vez, transferidas para a Santa Casa de Misericórdia.[146] Outros exemplos que podem ser citados são a instalação do Real Erário na antiga Casa dos Pássaros, espécie de Museu de História Natural fundado pelo vice-rei Luís de Vasconcelos (1779-1790), situado na rua do Sacramento[147], e a compra de imóveis particulares no Campo de Santana para a instalação de um novo Museu de História Natural (agora Museu Real).[148] Também no térreo de um sobrado, de propriedade de D. Antônio Araújo de Azevedo, situado na esquina da rua dos Barbonos com a das Marrecas, foi instalada a Impressão Régia, principal veículo de propaganda do reinado de D. João.[149] A Impressão Régia era o órgão responsável

---

[145] Esse Recolhimento era famoso no período colonial da história do Rio de Janeiro por abrigar mulheres rejeitadas pelos maridos.
[146] A respeito da instalação da Biblioteca Real no Rio de Janeiro, ver SCHWARCZ, L. M. *A longa viagem da biblioteca dos reis*, p. 274/275.
[147] Atual avenida Passos.
[148] AZEVEDO, op. cit., vol. 2, p. 239 a 266.
[149] Cf. MORAES, R. B de. "A Impressão Régia do Rio de Janeiro, origens e produção". In: CAMARGO, A. M. de A.; MORAES, R. B. *Bibliografia da Impressão Régia do Rio de Janeiro*, vol. 1, p. XVII a XXXI; e SCHWARCZ, L. M. *A longa viagem da biblioteca dos reis*, p. 249 a 251. Os dois autores discordam quanto à localização da casa de Araújo, onde se instalou a Impressão Régia. Enquanto Moraes cita a rua dos Barbonos, Schwarcz afirma que ela se localizava na rua do Passeio. A diferença, a meu ver, não é tão significativa, até porque as duas ruas ficam muito próximas.

pela divulgação dos atos oficiais, decisões e ordens do governo, assim como pela publicação ou censura de toda e qualquer obra, dos mais variados gêneros, que se faziam na colônia.

Segundo Argan, o estabelecimento de uma *cidade-capital* determina a regressão das outras cidades do Estado à categoria subalterna de capitais de província. A partir de então, há uma diferenciação entre uma cultura e uma arte da capital (ou *de* capital), aberta a todo tipo de trocas internacionais, e uma cultura e arte de província, às vezes de nível elevado, mas em posição periférica em relação à da capital. Ocorre, assim, uma *diferenciação entre o espaço da capital e o restante do território.* O processo civilizador do território e a garantia da sua unidade ocorreriam pela tentativa da província de imitar o estilo de vida da capital. Creio ser possível ver um paralelo entre essa caracterização de Argan e a nova função que o Rio de Janeiro vai assumir a partir do estabelecimento da Corte. A nova situação de Corte, e de *cidade-capital*, ao mesmo tempo que transforma o espaço urbano da cidade, a transforma em espaço de exemplaridade para o restante do Império português.

Mais até do que as mudanças físicas, a transformação do Rio de Janeiro em Corte vai propiciar significativas mudanças simbólicas no espaço urbano da cidade. Além disso, aquela diferenciação de que fala

Argan vai determinar a maneira como esse espaço passava a ser visto pelos habitantes das outras regiões do território colonial português na América.

Rio de Janeiro, Nova Lisboa

Como ressalta Ilmar de Mattos, a instalação da Corte portuguesa na capital da colônia teve como decorrência a individualização da região que tinha como centro o Rio de Janeiro, no conjunto das regiões surgidas no processo de colonização portuguesa da América.[150] Essa diferenciação não passou despercebida aos contemporâneos que, por se encontrarem em outros pontos da colônia, não usufruíam os mesmos benefícios que os colonos e colonizadores sediados no Rio de Janeiro aproveitavam da proximidade da Corte.[151]

---

[150] A esse respeito, cf. MATTOS, Ilmar R. de. "A instituição policial e a formação do Estado imperial". In: BRANDÃO, B. C.; CARVALHO, M. A. R. de; MATTOS, I. R. de. *A polícia e a força policial no Rio de Janeiro*, p. 37 a 53.

[151] Ao analisar aquilo que denominou de processo de *interiorização da metrópole* na colônia, Maria Odila da Silva Dias chamou a atenção para o nexo entre negócios e política que se estabeleceu entre a monarquia e a elite colonial com o estabelecimento da Corte no Rio de Janeiro. Nexo baseado na troca de apoio, financeiro principalmente, por honras e mercês, terras e títulos de nobreza. DIAS, M. O. da S. "A interiorização da metrópole (1808-1853)". In: MOTA, C. G. *1822: Dimensões*, p. 160 a 184. Ver também MATTOS, I. R. de. "Construtores e herdeiros: A trama dos interesses na construção da unidade política". In: *Almanack Brasiliense*, p. 13.

ENTRE A CORTE E A CIDADE

O estabelecimento da Corte no Rio de Janeiro, em vez de regalias e privilégios, trouxe-lhes, ao contrário, um excesso de cobranças e imposições:

> A fim de custear as despesas de instalação de obras públicas e do funcionalismo, aumentaram os impostos sobre a exportação do açúcar, tabaco, algodão e couros, criando-se ainda uma série de outras tributações que afetavam diretamente as capitanias do Norte, que a Corte não hesitava ainda em sobrecarregar com a violência dos recrutamentos e com as contribuições para cobrir as despesas da guerra no reino, na Guiana e no Prata. Para governadores e funcionários das várias capitanias parecia a mesma coisa dirigirem-se para Lisboa ou para o Rio.[152]

A denúncia dessa diferenciação será expressa no apelido de *Nova Lisboa* dado ao Rio de Janeiro pelos excluídos dos benefícios; e terá explicitação por ocasião da Revolução Pernambucana de 1817. Já no início do século XX, Oliveira Lima dará um novo significado à idéia do *Rio de Janeiro-Nova Lisboa*. Referindo-se à instalação dos imigrados na capital da colônia, afirma que,

---

[152]DIAS, op. cit., p. 182.

(...) sendo preciso dotar o acampamento com ares de Corte, (...) trataram os nobres de mitigar as suas saudades refazendo em tudo e por tudo a capital desertada, transformando o Rio numa cópia, por mais imperfeita que sempre a achassem, da querida Lisboa.[153]

De denúncia de *espaço dos colonizadores* o Rio de Janeiro-Nova Lisboa passa, na obra de Oliveira Lima, à expressão de uma mímese entre a antiga e a nova capital do Império português. A necessidade de *dotar o acampamento com ares de Corte* decorreria das evidentes diferenças existentes entre as duas cidades. Os portugueses imigrados, porém, tinham motivos para não estranhar tanto assim o Rio de Janeiro. Conforme mostrou Maria Fernanda Bicalho, além da influência topográfica e climática, múltiplos fatores estratégicos, econômicos e culturais concorriam na construção das cidades ultramarinas portuguesas. Dessa forma, as cidades coloniais lusas reproduziam, em certo sentido, na sua configuração espacial e na escolha de sítios mais apropriados para sua fundação, as cidades metropolitanas:

É assim que veremos se repetir em Goa, São Paulo de Luanda, Salvador ou Rio de Janeiro a mesma con-

---
[153]LIMA, op. cit., p. 135.

formação acidentada e ribeirinha de Lisboa ou do Porto, cravadas nos morros e outeiros, com suas fortalezas, palácios, igrejas, ermidas, mosteiros, colégios, hospitais, além de suas praças, mercados, trapiches, armazéns e o vasto casario voltados para uma baía ou um estuário, centro nevrálgico do comércio, assim como da defesa.[154]

Dessa forma, semelhanças entre Lisboa e as principais cidades do Império português, entre elas o Rio de Janeiro, antecedem à instalação da Corte portuguesa na colônia. Falando sobre o Rio de Janeiro dos vice-reis (1763-1808), e sempre procurando corroborar sua tese de que a época do domínio português é o *tempo do atraso* na história da cidade, Luiz Edmundo enfatiza a idéia de que esta cidade "pobre, beata e suja"[155] era apenas uma cópia de Lisboa. Reforçando a idéia de mímese entre as duas cidades, mas agora com um caráter negativo. O cronista republicano utiliza o depoimento de viajantes europeus que passaram pela capital metropolitana no século XVIII para demonstrar que tanto lá, quanto aqui, reinava a mesma pobreza na arquitetura, a mesma falta de comodidade das casas, a mesma mesquinhez de palácios e templos, a mesma

---
[154]BICALHO, op. cit., p. 169.
[155]EDMUNDO, L. *O Rio de Janeiro dos vice-reis*, p. 18.

sujeira e estreiteza das ruas, a mesma falta de segurança provocada pela escuridão à noite etc.: "Lisboa, na verdade, era qualquer coisa muito pouco melhor que o Rio. Muito pouco. E era a capital de um Reino glorioso!"[156]

À parte os exageros do discurso de Edmundo, é possível ver nítidas e curiosas semelhanças entre a forma urbana do Rio de Janeiro e a da cidade de Lisboa. Principalmente a partir da administração, aqui, do governador Gomes Freire de Andrade, conde de Bobadela (1733-1763), e dos vice-reis marquês do Lavradio (1769-1779) e D. Luís de Vasconcelos e Sousa (1779-1790), que o sucederam; e da reconstrução de Lisboa após o terremoto de 1º de novembro de 1755, que atingiu o grau máximo na escala de Gutenberg e C. F. Richter (grau 9), destruindo quase completamente a cidade.

Iniciada em 1759, a reconstrução da capital metropolitana prolongar-se-á por toda a segunda metade do século XVIII. O plano de reconstrução, de autoria do arquiteto do Senado da cidade, o capitão Eugênio dos Santos e Carvalho, vai concentrar-se na Cidade Baixa, substituindo o labirinto de ruas, becos, passagens e vielas tortuosas aí existentes por um plano

---

[156]Ibid., p. 16.

racional de ruas cortando-se em ângulos retos, num perfeito tabuleiro de xadrez.[157]

Mas, ao mesmo tempo, o plano de reconstrução da cidade mantinha algumas tradições urbanas da antiga Lisboa, destruída pelo terremoto. É dessa forma que serão mantidos, na Lisboa reconstruída, os dois principais espaços públicos da antiga cidade, alteradas apenas suas primitivas dimensões: o Terreiro do Paço e o Largo do Rossio. Esses dois espaços balizaram o projeto de reconstrução da Cidade Baixa. O Terreiro do Paço, debruçado sobre o Tejo, estava mais ligado à vida da Corte ao menos desde os primeiros anos do século XVI, quando o rei se instalou no novo Paço da Ribeira.[158] Enquanto o Largo do Rossio era uma espécie de fórum *da cidade*, nas palavras de José Augusto

---

[157]O historiador português José Augusto França mostrou como o plano de reconstrução representou a expressão física da introdução das idéias iluministas em Portugal, sob a égide do todo-poderoso Sebastião José de Carvalho e Mello, o marquês de Pombal, ministro do rei D. José I. A respeito das reformas pombalinas, como a entrada das idéias iluministas em Portugal, ver FRANÇA, J. A. *Lisboa pombalina e o Iluminismo*, p. 225 a 259; e FALCON, F. J. C. *A época pombalina*, p. 213 a 482.

[158]Explica José Augusto França que foi D. Manuel I (1495-1521) quem quis transferir o Paço Real do alto da colina para junto do rio, de onde suas naus tomavam o caminho das Índias, que acabara de ser descoberto, e das terras novas da América. Cf. FRANÇA, op. cit., p. 22.

França, onde se concentravam os mendigos, ciganos e vadios, permanecendo vinculado à tradição popular, mas também onde estava o Hospital Real, o Senado e o Palácio da Inquisição e onde eram feitos os autos-de-fé. O Largo do Rossio marcava ainda o limite da cidade até a época em que Lisboa foi destruída pelo terremoto.[159]

Ao mesmo tempo que Lisboa era reconstruída sob as ordens do marquês de Pombal, o Rio de Janeiro passava pelo seu momento mais intenso de modificações urbanas antes da chegada da Corte portuguesa. As três citadas administrações de governadores e vice-reis investiram na melhoria da infra-estrutura urbana com a construção do Aqueduto da Carioca, vários chafari-

---

[159] O projeto de reconstrução daria um novo simbolismo a essas duas praças. Com a mudança da Corte para o Paço de Queluz, o Terreiro do Paço seria agora a localização da Bolsa do Comércio, da Alfândega, dos Tribunais e dos Serviços Públicos, passando a chamar-se praça do Comércio. Antes local de expressão do poder real, expressa a substituição da vida de Corte por uma vida útil, comercial e *moderna*. Nas palavras de Schwarcz: "a nova praça deveria simbolizar o modelo de cidade que então se arquitetava, e seu nome não era de somenos importância" (SCHWARCZ, L. M. *A longa viagem da biblioteca dos reis*, p. 110). Com relação ao Largo do Rossio, fazia-se sentir a ausência de um plano monumental semelhante ao da praça do Comércio. Isso porque, segundo José Augusto França: "O Rossio, lugar do povo, da sua alegria, da sua preguiça e da sua cólera, numa sociedade que se tornava ordenada, se não 'iluminada', estava destinado a ser um lugar secundário" (FRANÇA, op. cit., p. 129).

zes, alguns prédios de governo (como o Paço dos Governadores) e a urbanização da praça central da cidade (o Largo do Paço).[160] Nas palavras do padre Gonçalves dos Santos, que unem mais uma vez a idéia de *urbano* à de *civilizado*: "no governo dos vice-reis marquês do Lavradio e Luiz de Vasconcelos e Sousa é que propriamente a cidade do Rio de Janeiro fez o maior progresso em edifícios, regularidade das ruas, e civilização dos seus moradores."[161] As melhorias implementadas por essas administrações tinham, nas palavras de Sonia Gomes Pereira, reforçado a mesma idéia de mímese, a "clara intenção de atualizar a imagem da agora capital da colônia em relação aos modelos contemporâneos portugueses".[162]

Também o espaço urbano do Rio de Janeiro, até a época da chegada do príncipe regente, era balizado por duas praças principais, que não por acaso tinham o mesmo nome das de Lisboa: O Largo do Paço e o Largo do Rossio. Principal praça da cidade, nas palavras de Lília Schwarcz, "o Largo do Paço lembrava de certa maneira — e em escala menor — o Terreiro do Paço

---

[160] O Aqueduto da Carioca e o Paço dos Governadores, obras do governo do conde de Bobadela, o melhor dos governadores coloniais na opinião de Varnhagen (MONTEIRO, R. B. N. *O teatro da colonização*, p. 43).
[161] SANTOS, op. cit., tomo 1, p. 36.
[162] PEREIRA, op. cit., p. 35.

da Ribeira".[163] Até por sua localização geográfica. Enquanto esse último estava plantado na beira do Tejo, aquele abria-se para a baía de Guanabara. Foi conhecido primeiramente como o Terreiro da Polé (por lá se situar o Pelourinho) ou Largo do Carmo, devido à presença do Convento dos Carmelitas;[164] sendo, ao mesmo tempo, o cais onde desembarcavam as manufaturas européias e os escravos africanos. Mudou de nome, e de simbolismo, a partir da construção do Paço dos Governadores pelo conde de Bobadela, onde se instalou também, além dos governadores (e depois os vice-reis) e suas famílias, o Tribunal da Relação e a Casa da Moeda. Já próximo e esse local encontrava-se a Casa da Câmara e Cadeia. Dessa forma, de espaço essencialmente religioso e comercial, o Largo do Paço constituiu-se em espaço de expressão do poder político, como o seu correspondente em Lisboa. Nas palavras de Joaquim Manuel de Macedo:

> Estava, por assim dizer, todo o governo da terra reunido no mesmo ponto, e a um grito do vice-rei levantar-se-iam a relação com a espada de Astréia, a câmara

---

[163]SCHWARCZ, L. M. *A longa viagem da biblioteca dos reis*, p. 236.
[164]Explica Rodrigo Bentes que esse espaço foi preservado pelos padres carmelitas que impediam que outras construções fossem levantadas em frente ao seu convento. MONTEIRO, R. B. N. *O teatro da colonização*, p. 61/62. A esse respeito, ver também COARACY, V. *Memórias da cidade do Rio de Janeiro*, p. 5 a 58.

municipal, que representa o povo, o provedor da moeda, que forjava o encanto do mundo, e até podia acudir o carcereiro da cadeia com a competente guarda.[165]

O Largo do Rossio seria, aqui também como em Lisboa, o lugar da vida e da tradição popular. Segundo Rodrigo Bentes Monteiro, esse espaço conseguia abrigar em seus limites variadas expressões sociais ligadas ao mundo dos *colonizados*: "acampamentos de *ciganos* no Largo da Lampadosa; *negros e pardos* que cultuavam a imagem de Santana; a Casa da Ópera do padre Ventura, no Largo do Capim, que apresentava comédias e óperas bufas de Antônio José da Silva, o *judeu*"[166] [grifos meus]. Limite da cidade em direção ao sertão durante o século XVIII, o Rossio era um exemplo do que se costumava denominar de *campos da cidade*: terrenos ainda não totalmente incorporados ao território urbano, em geral pantanosos e pestilentos, e onde o *mundo da desordem*[167] "buscava refúgio para

---

[165]MACEDO, op. cit., p. 26.
[166]MONTEIRO, R. B. N. *O teatro da colonização*, p. 66.
[167]Utilizo aqui essa expressão com o sentido que a ela deu Ilmar R. de Mattos. Segundo Mattos, a sociedade imperial brasileira estaria dividida em três *mundos*. O *mundo do governo*, composto pelos membros da *boa sociedade*, a classe senhorial; o *mundo do trabalho*, composto pelos escravos; e o *mundo da desordem*, composto de homens livres e pobres, agregados e vadios. MATTOS, I. R. de. *O tempo Saquarema*, p. 109 a 129.

seus crimes, tradições e batuques".[168] Maria Fernanda Bicalho identifica, entre esses campos, além do Rossio, o campo de Nossa Senhora da Ajuda e o campo de São Domingos. Sobre este último a autora afirma que "servia de refúgio para negros fugidos, soldados desertores, pessoas vadias e criminosos de todo tipo".[169] E diz que era o lugar escolhido para a edificação das igrejas e capelas das inúmeras irmandades de pardos, pretos livres e escravos existentes na cidade, como a capela da irmandade de São Domingos, que dá nome ao logradouro. Nessa área encontrava-se também a igreja de Nossa Senhora do Rosário (inaugurada em 1725), nas proximidades da qual se realizavam as coroações do rei Congo (as congadas).[170] Rodrigo Bentes afirma que o Largo do Rossio ficou conhecido tam-

---

[168]BICALHO, op. cit., p. 245. Como explica a autora, esses *campos da cidade* não se confundiam com os *sertões*, entendidos então como todo espaço que não era ocupado, domesticado e cultivado por obra dos colonos. Segundo a autora, o sertão era retratado nas ordens dos governadores e na correspondência oficial com a metrópole como couto de vagabundos, rebeldes e criminosos: "O sertão era um espaço vazio de autoridade e seus habitantes eram infensos à justiça, e ao governo que a experiência urbana desejava disseminar." Ibid., p. 250.
[169]Ibid., p. 246.
[170]Bicalho se refere a um requerimento dos irmãos de N. S. do Rosário, da década de 1770, em que são citados os nomes de dez irmandades de negros então existentes nessa área, alojadas em *igrejinhas indignas e indecentes*, segundo o requerimento. BICALHO, op. cit., p. 247.

bém pelo nome de Campo dos Ciganos, justamente por ali terem se instalado os ciganos, impedidos de se estabelecer "dentro" da cidade. O caminho que ligava o Campo dos Ciganos ao Campo de Santana, chamando-se também rua dos Ciganos.[171]

Estudando o Rio de Janeiro no tempo do conde de Bobadela, Rodrigo Bentes Monteiro parece chamar a atenção para uma certa dicotomia já então existente no espaço urbano do Rio de Janeiro quando afirma que "o Rossio se contrapunha ao Largo do Paço durante o governo de Bobadela na medida em que o aspecto popular da sociedade diferenciava-se do mundo oficial".[172] Oposição que tem um ótimo exemplo no fato, lembrado pelo autor, de que, enquanto se construía o chafariz de pedra de lioz proveniente de Lisboa, no Largo do Paço, na década de 1740, transportava-se o pelourinho para o Rossio, onde, desde 1753, a forca também estava permanentemente armada: "Afinal, do próprio Rossio vinha a maior parte dos condenados."[173] Essa dicotomia do espaço urbano da cidade, identificada por Rodrigo Bentes, parece expressar as duas diferentes sociabilidades a que quero chamar atenção neste trabalho. A presença da Corte portuguesa vai acentuá-la.

---

[171] Atual rua da Constituição. Ver COARACY, op. cit., p. 59 a 104.
[172] MONTEIRO, R. B. N. *O teatro da colonização*, p. 67.
[173] Ibid., p. 68.

Mais do que ressaltar as semelhanças entre Lisboa e o Rio de Janeiro, uma discussão "até certo ponto inócua",[174] nas palavras de Maria Fernanda Bicalho, minha intenção aqui é ressaltar as permanências e rupturas no simbolismo dos espaços da cidade dos vice-reis com relação ao Rio de Janeiro joanino. Muitas das características apontadas no Rio de Janeiro do século XVIII ainda permaneciam quando por aqui aportou D. João. A cidade encontrada pelo príncipe regente era, com poucas modificações, aquela ordenada e urbanizada por Bobadela, Lavradio e Vasconcelos e Sousa.

Afirma Giovanna Rosso Del Brenna que as medidas tomadas para a instalação da Corte não alteraram a estrutura urbana da capital colonial. Antes, a reafirmaram.[175] A começar pelo reforço da centralidade física e simbólica do Largo do Paço. Palco, a partir de então, de todas as cerimônias públicas oficiais em louvor da monarquia. Como diz Oliveira Lima, ressaltando a importância desse espaço já no período joanino: então "o Largo do Paço constituía o centro da vida cortesã, popular, militar e até mercantil da cidade".[176]

---

[174]BICALHO, op. cit., p. 173.
[175]DEL BRENNA, G. R. "Rio de Janeiro, realeza e realidade". In: *Anais do Seminário Internacional D. João VI: Um rei aclamado na América*, p. 23.
[176]LIMA, op. cit., p. 612.

Mas, ao lado das permanências, as modificações simbólicas no espaço urbano do Rio de Janeiro também se fizeram sentir. No Largo do Rossio ergueu-se, em 1813, o Real Teatro São João; e aguardava-se a construção, à época em que o padre Gonçalves dos Santos escrevia a Introdução das suas *Memórias* (1820), de um monumento em forma de uma pirâmide "em memória da feliz vinda de Sua Majestade para o Brasil".[177] Expressões (o teatro e o monumento) de uma forma mais sutil de dominação, que iria substituir o pelourinho ali erguido. Debret o retratou em 1821, por ocasião da *Aceitação provisória da Constituição de Lisboa* (figura 2), destacando em primeiro plano a persistente presença do pelourinho e, ao fundo, o Teatro São João. Diz o pintor francês que o Rossio "adquiriu grande importância por ocasião da construção do teatro da Corte",[178] que "induziu alguns ricos proprietários a construírem belas casas no largo".[179]

As mudanças efetuadas no Largo do Rossio eram uma clara tentativa de ordenação, e de alteração da carga simbólica, de um espaço tradicionalmente ligado

---

[177]SANTOS, op. cit., tomo 1, p. 63.
[178]DEBRET, J. B. *Viagem pitoresca e histórica ao Brasil*, vol. 3, p. 267.
[179]Ibid. Uma das quais, ainda milagrosamente de pé, o solar do visconde do Rio Seco, na esquina com a atual rua Visconde do Rio Branco.

à *desordem*. Esses espaços da cidade, de predominância dos *colonizados*, excluídos do projeto civilizacional da Corte, indicam a existência daquela *outra cidade* que dividia o espaço urbano do Rio de Janeiro com a Corte, o espaço dos *colonizadores*.[180] Essa outra cidade foi objeto de tentativas de controle e ordenação durante o período joanino. Mesmo que fosse *apenas* pela construção de um quartel da polícia, como aconteceu no Campo de Santana, próximo ao Rossio, e no Valongo. Este último fortemente marcado pela sua condição de mercado de escravos.[181]

Ao lado dessas permanências e mudanças simbólicas nos dois principais espaços da cidade, a que chamei atenção aqui, outras modificações muito mais concre-

---

[180]*Colonizadores, colonos e colonizados* são conceitos de Ilmar R. de Mattos. *Colonizadores* seriam os administradores, leigos e eclesiásticos e comerciantes; *colonos*, os senhores de engenho, fazendeiros, proprietários de lavras auríferas; e *colonizados*, os escravos índios e negros, homens livres e pobres. MATTOS, I. R. de. *O tempo Saquarema*, p. 18 a 29.

[181]Já disse alguém que a tentação da longa duração pode ser uma armadilha para o historiador, mas é difícil não pensar que a atual situação da hoje praça Tiradentes, apesar de todas as modificações pelas quais passou desde o início do século XIX, remete à resistência dos antigos simbolismos dos espaços urbanos, e à dificuldade em alterá-los. Área de prostituição e de comércio popular, esse espaço continua relacionado, ainda hoje, ao *mundo da desordem*. Da mesma forma, as imediações do Valongo são, até hoje, áreas de habitação de populações de baixa renda, muitos descendentes diretos dos escravos que há mais de um século eram ali vendidos.

tas se realizariam no espaço urbano do Rio de Janeiro durante o período de permanência aqui de D. João.

Marcos físicos de Civilização

Em seu primeiro passeio pelo Rio de Janeiro, em 1808, a arquitetura dos sobrados (com as lojas de comércio no térreo e as residências no andar superior), aliada ao desenho assimétrico das ruas, que as tornavam estreitas e pouco arejadas, causou péssima impressão ao recém-chegado John Luccock. Mas um detalhe arquitetônico bastante comum nas edificações residenciais da cidade chamou sua atenção em particular: "Entre os objetos que mais atraíam a atenção de um estrangeiro, nas ruas do Rio, achava-se a proeminência das janelas de-cima, chamada gelosia."[182] Segundo Luccock, as gelosias emprestavam às fachadas das casas "uma aparência carregada e suspicaz, tornando as ruas sombrias e indicando que seus habitantes eram pouco sociáveis".[183] As *gelosias*, ou *rótulas*, como também eram chamadas, eram estruturas de treliça de madeira existentes nos balcões dos sobrados, assim como nas janelas e portas dos edifícios térreos, e cha-

---
[182]LUCCOCK, op. cit., p. 25.
[183]Ibid., loc. cit.

maram a atenção de outros viajantes estrangeiros que passaram pela cidade no começo do século XIX, a ponto de deixarem inúmeros registros escritos e iconográficos do artefato.[184] Luccock o descreve da seguinte maneira:

> Em cada janela, e ao mesmo nível que o assoalho do cômodo, havia uma espécie de plataforma de pedra, de cerca de dois pés e meio de balanço, que servia de base ao balcão, não apenas tão alto quanto o peito, mas erguendo-se até o cimo da janela. Era feito de treliça, em geral de modelo caprichoso e dividido em painéis ou compartimentos, alguns deles munidos de dobradiças na parte de cima de maneira a formar uma espécie de alçapão que, quando aberto, por pouco que fosse, permitia às pessoas do balcão olharem para baixo a rua, sem que elas próprias fossem vistas.[185]

Herança do longo convívio entre portugueses e mouros, além de permitir a observação da rua mantendo oculto o observador, elas também permitiam a ventilação das casas impedindo, ao mesmo tempo, que o seu interior ficasse devassado, sendo bastante adequadas ao clima dos trópicos. As gelosias podem ser

---

[184]Entre outros artistas que se preocuparam em desenhar as gelosias encontram-se Debret, Thomas Ender e Henry Chamberlain.
[185]LUCCOCK, op. cit., p. 25.

visualizadas em pinturas de Debret como aquela na qual ele procura retratar *As primeiras ocupações da manhã* (figura 3).

Não obstante, em 11 de junho de 1809 foi baixado um edital da Intendência de Polícia determinando a supressão do seu uso e sua transformação em balcões. A partir de então, todos os moradores estavam obrigados a colocar vidraças nas janelas. Segundo o padre Gonçalves dos Santos, que só tem elogios para as medidas tomadas por D. João no Rio de Janeiro, a medida teria sido muito bem recebida pela população, apesar dos transtornos que a obrigação certamente deve ter causado: "nunca no Rio de Janeiro se executou ordem superior com tanto gosto, e geral satisfação."[186] Mais crítico, e menos subserviente, John Luccock afirma que "aqueles que apreciavam a circulação livre do ar, obedeceram prazenteiros; outros, que desejavam agradar à Corte, seguiram-na [a ordem] sem hesitar; os demais se sentiram obrigados à submissão".[187]

Afirma o padre cronista que já em 1811, no centro da cidade, "não se encontram mais aquelas *lúgubres, e góticas* armações de madeira, chamadas gelosias"

---

[186]SANTOS, op. cit., tomo 1, p. 237.
[187]LUCCOCK, op. cit., p. 26.

[grifos meus].[188] E Luccock observa uma melhoria geral no aspecto das residências já em 1813: "as casas fizeram-se mais generalizadamente e simetricamente caiadas e pintadas; aboliram-se as feias gelosias, e alguns balcões, que ficaram, viam-se ornamentados com plantas e flores."[189] Porém, informa Maria Beatriz Nizza da Silva, a supressão das rótulas não foi tão imediata nem tão generalizada como afirmam aqueles dois autores, pois o vidro ainda era raro e caro na colônia. A primeira fábrica de vidro da colônia instalou-se na Bahia somente no ano de 1811.[190] Pelas descrições dos viajantes, se vê que a supressão das rótulas foi mais rápida apenas nas casas de sobrado, mas demorou a desaparecer das casas térreas, forma de habitação das camadas populares. O que se depreende também pela iconografia, uma vez que o desenho de Debret foi realizado entre 1816 e 1831.[191] O próprio Debret nos

---

[188]Em nota ao texto escrita em 1820, Santos chega a precisar o único lugar da cidade onde ainda podia ver-se uma gelosia: "na rua dos Barbonos, quase a chegar aos Arcos, onde há uma casa de sobrado, antiga, e nela se conserva o goticismo das rótulas em toda a sua primitiva [sic]". SANTOS, op. cit., tomo 1, p. 278.
[189]LUCCOCK, op. cit., p. 162.
[190]SILVA, M. B. N. da. *Vida privada e quotidiana no Brasil: na época de D. Maria I e D. João VI*, p. 212. O próprio Luccock se refere a essa falta de vidro que, segundo ele, teria gerado o *curioso efeito* de deixar as casas repentinamente devassadas. LUCCOCK, op. cit., p. 26.
[191]O tenente da Real Marinha Britânica e pintor amador Henry Chamberlain registra a existência de gelosias em casas térreas ainda em 1819, ano em que passou pelo Rio de Janeiro.

fornece mais um indício que aponta no mesmo sentido. Na descrição do seu desenho, diz o pintor francês que a cena por ele retratada se passa na rua da Ajuda, local de concentração da população mais pobre.[192]

De acordo com Luccock, o motivo declarado da ordem de supressão das rótulas foi o melhoramento da aparência das ruas.[193] Mas vários outros motivos de ordem prática foram levantados para a determinação daquela medida. O próprio Luccock afirma que, segundo lhe contaram, a verdadeira causa era o medo de que elas se tornassem, mais cedo ou mais tarde, sítios de emboscada para assassinos que, "invisíveis e insuspeitados, podiam dali descarregar uma bala fatal";[194] Nizza da Silva diz que um dos seus principais inconvenientes era o fato de elas abrirem para a rua, incomodando assim quem passava; mais pragmático, Gilberto Freyre chega mesmo a sugerir que, mais do que *simples furor estético ou urbanístico*, a medida foi tomada por pressão de interesses comerciais ingleses, que pretendiam vender vidro e ferro: "Não haverá alguma relação entre esses fatos? Entre o edito contra as gelo-

---

[192]DEBRET, op. cit., vol. 3, p. 143.
[193]Melhoramento aí entendido como a adoção de hábitos europeus: "A este respeito, tanto quanto a outros, principiara a haver um certo gosto pelas conveniências e maneiras da Europa, que sem dúvida ainda há de aumentar." LUCCOCK, op. cit., p. 26.
[194]Ibid., loc. cit.

sias e essa abundância de vidro inglês nos armazéns e nas lojas do Rio de Janeiro e de Pernambuco, revelada pelos anúncios de jornal?"[195]

Cumpre prestar especial atenção, porém, na justificativa levantada pelo padre Gonçalves dos Santos. Na sua narrativa, a medida aparece, assim como todas as outras tomadas por D. João, como *promotora de Civilização*. Havendo sido o Rio de Janeiro elevado

> (...) à alta hierarquia de ser presentemente a Corte do Brasil, não pode, nem deve continuar a conservar bisonhos, e antigos costumes, que apenas se podiam tolerar, quando esta porção da América era reputada uma colônia portuguesa; e que desde muito tempo não se sofrem entre povos cultos, e de perfeita civilização.[196]

Segundo o padre, o uso das rótulas estava entre os *góticos costumes* (palavras suas) que urgia serem abolidos das residências, uma vez que estariam "mostrando a falta de civilização dos seus moradores".[197] Não obstante, José Augusto França mostra sua existência também nas casas da Lisboa pré-terremoto. Apesar de ser capital do Império e Corte, a existência das rótulas

---

[195] FREYRE, G. *Ingleses no Brasil: Aspectos da influência britânica sobre a vida, a paisagem e a cultura do Brasil*, p. 200.
[196] SANTOS, op. cit., tomo 1, p. 237.
[197] Ibid., loc. cit.

era uma característica muito ressaltada pelos estrangeiros que passaram por Lisboa durante a primeira metade do século XVIII.[198] A narrativa do padre Gonçalves dos Santos sugere, então, que sua supressão foi feita em nome da abolição da *barbárie* e em prol de uma determinada idéia de *Civilização*. Desenvolvendo a idéia implícita na sua argumentação, e usando as rótulas como metáfora para o "atraso" nos costumes da colônia, diz Oliveira Lima que por meio da ordem de supressão das rótulas, D. João completou "uma revolução nos costumes nacionais":

> Com as lufadas do ar a que as rótulas deixaram de opor a sua meia resistência varreram-se prejuízos atrasadores, abrindo-se de par em par as habitações da nova capital da monarquia às inovações nos usos e nas idéias, que a conexidade com o Velho Mundo ia infalivelmente acarretando.[199]

Na narrativa de Oliveira Lima, assim como na do padre Santos, a proibição das gelosias é um símbolo da transformação dos costumes sob a influência da cultura européia, patrocinada pelo estabelecimento da Corte portuguesa no Rio de Janeiro. Essa medida

---
[198]FRANÇA, op. cit., p. 40 e 55.
[199]LIMA, op. cit., p. 76.

de cunho urbanístico faria, dessa forma, parte do *projeto civilizatório* implantado por D. João nos *bárbaros* trópicos. Dessa forma, segundo a interpretação dos contemporâneos, na ausência de um número significativo de palácios em estilo neoclássico, que assemelhariam o espaço urbano do Rio de Janeiro ao das Cortes européias, os investimentos na melhoria da infra-estrutura da cidade, feitos pela Intendência de Polícia de D. João, serviriam como outros marcos físicos de civilização, alterando a aparência da cidade e exemplificando os benefícios advindos da sua condição de Corte e capital do Império.

Apesar de não haver no Rio, durante essa época, um "bota-abaixo" como o que ocorreu em Lisboa por ocasião da sua reconstrução no século anterior, ou como o que ocorreria, na própria cidade, no início do século seguinte, uma análise da documentação da Intendência de Polícia nos permite ver que, na tentativa de resolver problemas infra-estruturais e, ao mesmo tempo, prover a capital do Império de uma aparência mais *civilizada* (leia-se européia), não foi nada desprezível o volume das obras pelas quais passou a cidade durante o período de permanência da Corte portuguesa. Em ofício de 21 de maio de 1811, afirmava Paulo Fernandes Vianna que a Intendência de Polícia tinha, naquele momento, quinze obras abertas e em serviço.[200] E, por isso, requisitava ao juiz da Alfândega, José Antonio Ribeiro Freire, que a Intendência tivesse preferência na compra dos carregamentos de telha, tijolo e cal que entrassem no porto do Rio de Janeiro:

> Pela falta que se tem experimentado nesta Corte de cal, telha e tijolo em razão das ruínas que causaram as águas do mês de fevereiro, se faz necessário, a bem do Real Serviço, que V.S. dê as ordens precisas na Alfândega para todas as embarcações que conduzirem esta qualidade de materiais serem os mestres delas obrigados, na ocasião que apresentam a lista da carga na Alfândega, darem conta da quantidade de milheiros de telha e tijolo e moios de cal que trazem para eu comprar o que for preciso para as obras reais de que estou encarregado visto que, havendo falta considerável destes materiais se deve procurar esta providência.[201]

Os estragos provocados pelas chuvas de verão concorriam com as obras da Intendência de Polícia na disputa pelos insuficientes materiais de construção existentes. O Rio de Janeiro encontrava-se na situação ímpar de ser a única cidade colonial a confrontar os seus governantes metropolitanos com a realidade desconfortável de três séculos de domínio colonial.

---
[200]Arquivo Nacional. Polícia da Corte. Códice 329, vol. 1, f. 48/48v.
[201]Arquivo Nacional. Polícia da Corte. Códice 329, vol. 1, f. 49v.

Dessa forma, tiveram que ser tomadas providências para melhorar a higiene e a saúde pública, na tentativa de mudar o triste quadro que caracterizava as cidades da colônia portuguesa da América. Nas palavras de Luiz Edmundo, ao referir-se ao Rio de Janeiro dos vice-reis, que apesar de exageradas não deviam estar muito longe da realidade: "cada rua [era] uma artéria úmida e podre secando ao sol".[202] Ao longo dos treze anos de residência da Corte portuguesa no Rio de Janeiro, tomaram-se medidas como a limpeza e reorganização dos mercados existentes na cidade; a ordem de se mandar cercar os terrenos baldios, "de modo que nele se não possam fazer depósitos de imundices";[203] a construção do cais do Valongo para o desembarque de escravos e a fiscalização dos cemitérios da cidade.[204]

---

[202] EDMUNDO, L. *O Rio de Janeiro dos vice-reis*, p. 14.
[203] Arquivo Nacional. Polícia da Corte. Códice 323, vol. 1, f. 17v./18.
[204] A este respeito, há na documentação consultada o registro do ofício expedido ao juiz do Crime do bairro de S. Rita, José da Silva Loureiro Borges, de 15 de fevereiro de 1811, afirma que no cemitério dos pretos novos, no Valongo, "têm sido tantos os mortos, e tão mal enterrados, que já se percebe em toda a vizinhança mau cheiro, e faz receável uma infecção geral". Ordenava, então, Fernandes Vianna àquele magistrado que: "(...) sem perda de tempo, examine se isto é assim, e logo, sem perda de tempo, faça deitar mais terra com que fiquem os corpos bem sepultados, ordenando a quem quer que é que rege o dito cemitério, que sepulte os cadáveres com mais profundidade, e que os deixe bem cobertos. E caso conste que assim o não faça o recolha à cadeia." Arquivo Nacional. Polícia da Corte. Códice 329, volume 1, f. 10v.

Foi também ampliado o fornecimento de água com a canalização do rio Maracanã, que permitiu a construção de novos chafarizes em diferentes áreas afastadas do centro, que vieram juntar-se aos da Carioca e do Largo do Paço. O primeiro chafariz a ser inaugurado, por ocasião da comemoração do segundo aniversário do príncipe regente em terras americanas (13 de maio de 1809), informa o padre Gonçalves dos Santos, foi o do Campo de Santana.[205] Em 1811 foi inaugurado o da estrada de Mata-Cavalos (hoje rua do Riachuelo); e em 1818, o da estrada de Mata-Porcos (atual Estácio), hoje conhecido como chafariz de Paulo Fernandes. Como se pode perceber da localização desses três chafarizes, que vão se afastando do centro, a melhora no abastecimento de água permitiu a necessária expansão dos limites geográficos da cidade, que já não comportava no seu espaço exíguo o fluxo migratório não interrompido entre 1808 e 1821.

A falta de moradias no centro determinou dois eixos de expansão: o primeiro, em direção a Botafogo, na zona sul; e o segundo, em direção a São Cristóvão, na zona norte. Por um lado, a primeira foi a área preferida pelos nobres que, procurando ares mais salubres, não queriam instalar-se no aperto e no calor do centro. E muitos, inclusive D. Carlota Joaquina, lá se ins-

---

[205]SANTOS, op. cit., tomo 1, p. 235.

talaram em palacetes e chácaras. Como afirma o padre Gonçalves dos Santos:

(...) depois da feliz vinda de Sua Alteza se tem promovido, e dilatado a edificação de casas para além da Senhora da Glória; e hoje o lugar do Catete, Praias do Flamengo, e do Botafogo apresentam longa série de casas, algumas das quais são nobres, e muito elegantes.[206]

Ao mesmo tempo, um decreto de 26 de abril de 1811 isentou do pagamento da Décima Urbana por dez anos a todos aqueles que construíssem casas de sobrado na área da Cidade Nova.[207] A medida não apenas incentivava a construção nessa área, minimizando

---

[206] SANTOS, op. cit., tomo 1, p. 277.
[207] Ibid., p. 276/277. A Décima Urbana, primeira forma de imposto territorial urbano estabelecido na colônia, havia sido instituído pelo alvará de 7 de junho de 1808. A respeito da recepção do novo imposto pela população do Rio de Janeiro, diz o padre Gonçalves dos Santos que, a exemplo do que aconteceu com o edital de proibição das rótulas, a nova lei foi recebida por todos com respeito e boa vontade, "bem persuadidos que a necessidade do Estado é a suprema Lei, e que aos bons vassalos não é sacrifício penoso contribuir para a segurança, e esplendor da monarquia" — ibid., p. 209. Se o que diz o padre cronista realmente correspondeu à realidade, certamente, esse foi o primeiro e único caso na história em que um imposto foi bem recebido. Mais do que retratar a atitude que a população da cidade teve frente ao novo tributo, a afirmação de Gonçalves dos Santos pretende, a meu ver, além de fazer o elogio da medida, ensinar a conduta que um súdito leal deve ter frente às determinações do seu soberano.

o problema da carência de moradias, mas também mostrava uma preocupação com o aspecto dos novos imóveis que começavam a ser construídos.

Igualmente fundamental para a ocupação da Cidade Nova foram os trabalhos de secamento de pântanos e realização de aterros também levados a efeito pela Intendência de Polícia. Deve-se à Intendência o Caminho do Aterrado, para São Cristóvão, e os caminhos para a região da Floresta da Tijuca, para o Alto da Boa Vista e para a Vista Chinesa.[208] Sobre o secamento do mangue da Cidade Nova, que deu origem ao Caminho do Aterrado, perguntava Fernandes Vianna ao tenente-coronel do Real Corpo de Engenheiros, Francisco Cordeiro da Silva Torres, em ofício de 19 de maio de 1818, se havia "algum inconveniente em se entulhar a ponte da Cidade Nova, e livrarmo-nos daquela Ponte, continuando por ela a estrada, e se por esta medida poderei conseguir enxugar perfeitamente aquele grande terreno".[209] Procedeu a Intendência também ao conserto de caminhos e à pavimentação de ruas. Em 27 de junho de 1811, Fernandes Vianna queixava-se ao juiz do Crime do bairro da Candelária, Agostinho Petra Bitancourt, que:

---

[208]Cf. REIS, op. cit., p. 3 a 29.
[209]Arquivo Nacional. Polícia da Corte. Códice 326, vol. 2, f. 135/135v.

O arrematante da calçada da rua da Cadeia não me apareceu. Mas isto não deve ficar assim porque é necessário concluí-la para se passar com brevidade à rua do Ouvidor. E tomei sobre mim mandar correr os buracos que estão em todas as outras, mas porque o mal chegou a ser escandaloso.[210]

Foram tomadas, pela Intendência de Polícia, uma série de providências em relação aos imóveis particulares, dos quais o edital de supressão das rótulas é somente um exemplo. Além de ordenar a finalização das obras que os proprietários deixavam, propositalmente ou não, inacabadas, como já vimos, o intendente mandou demolir inúmeras casas que ameaçavam ruir. Parece ser esse o caso da vistoria feita na casa onde morava o desembargador José da Silva Lisboa.[211] Em ofício datado de 12 de março de 1814, dirigido ao juiz do Crime do bairro de São José, João Muniz Penna, Paulo Fernandes Vianna ordena que ele:

Mande (...) chamar desde logo que receber esta, quatro Mestres da melhor nota, dois pedreiros e dois carpinteiros, e proceda com eles a uma exata vistoria nas casas

---
[210]Arquivo Nacional. Polícia da Corte. Códice 329, vol. 1, f. 77.
[211]Visconde de Cairu (1756-1835), desembargador do Desembargo do Paço e da Mesa da Consciência e Ordens, e membro da Junta Administrativa da Impressão Régia.

da esquina da rua da Cadeia em que mora o desembargador José da Silva Lisboa, e são das freiras d'Ajuda, a fim de se examinar com toda a madureza e circunspecção se corre risco, ou o ameaça ao público, a dita propriedade, por estarem as paredes fora dos seus prumos. E se se deve apeiar [sic] e até que ponto, ou se pode continuar a existir assim sem risco algum. Este auto feito com toda a miudeza o porá V.M. na minha presença 2ª feira, que se hão de contar 14 do corrente.[212]

Ao que parece, o desembargador Penna agiu com a rapidez que pediu Vianna, pois logo a 15 de março o intendente lhe enviava outro ofício com as providências a serem tomadas tendo em vista o resultado da vistoria que ordenara:

> A vista da vistoria que V.M. me remete com o seu ofício da data de hoje, passe logo a fazer saber ao desembargador José da Silva Lisboa que se deve mudar imediatamente, e mandar notificar ao procurador do Convento da Ajuda para que amanhã mesmo entre na diligência de apear a casa com a precisa cautela e segurança, com a pena de que o não fazendo será tudo feito à vista das rendas das ditas religiosas. E na 4ª feira, quando não esteja principiada esta diligência, V.M. a mande fazer pelo

---

[212]Arquivo Nacional. Polícia da Corte. Códice 329, vol. 2, f. 161v./162.

mestre mais capaz e de mais força dos que foram à vistoria, e mandará cobrar as férias, executivamente, do Provedor daquele convento.[213]

Dessa forma, novas habitações passaram a ser construídas, e a própria fisionomia das residências mudou. John Luccock, falando das melhorias (ou do *progresso*, nas palavras do autor) que observou na aparência da cidade em 1818, às vésperas do seu embarque definitivo de volta à sua terra natal, diz que então:

> Os habitantes da cidade estavam providos de residências melhores que, progredindo em proporção mais adequada ao número crescente de moradores, permitia-lhes viver com menos aperto. Surgiram novos grupos de casas, novas ruas se abriram por quase todos os pontos dos arredores, meios pelos quais se obtiveram cenas mais agradáveis para passeios.[214]

Segundo Evelyn Werneck Lima, os arquivos revelam que, entre 1808 e 1818, foram construídos cerca de seiscentos sobrados na área urbana, onde até então

---

[213] Arquivo Nacional. Polícia da Corte. Códice 329, vol. 2, f. 162/162v. Já vimos em outra ocasião Vianna utilizar esse artifício de mandar fazer as obras necessárias primeiro e cobrar os custos do proprietário do imóvel depois.
[214] LUCCOCK, op. cit., p. 364.

haviam predominado casas térreas.²¹⁵ Afirma Debret que, "em 1819, já não havia mais ruas dentro da cidade em que se encontrassem simples muros; e existiam muitas casas de três andares, o que dava à cidade um verdadeiro aspecto de Capital".²¹⁶

Porém, esse *projeto civilizatório* apresentava limites também na sua versão urbanística. O que nos mostra a iconografia e as anotações dos viajantes é que, apesar de todas as medidas tomadas pela Intendência de Polícia referentes à aparência das novas edificações, durante o período joanino, o Rio de Janeiro continuava com um aspecto de "cidade árabe". Com suas vielas estreitas, as persistentes rótulas e os vendedores, ambulantes ou não, que vendiam todo tipo de mercadorias pelas ruas. Como afirmou Giovanna Rosso Del Brenna, o Rio de Janeiro desse período é "um cenário urbano fortemente original, de grande homogeneidade e, ao mesmo tempo, aberto a todas as sugestões e a todas as paixões — antes de todas, aquela pelo Oriente".²¹⁷ Banido das casas da área central da cidade pela

---

²¹⁵LIMA, E. F. W. "Uma herança cultural no cenário carioca: Arquitetura de D. João VI". In: *Anais do Seminário Internacional D. João VI: Um rei aclamado na América*, p. 306.
²¹⁶DEBRET, J. B. *Viagem pitoresca e histórica ao Brasil*, vol. 3, p. 15. Emanuel Araújo mostrou como, durante o período colonial, as casas térreas estavam associadas à pobreza e os sobrados à riqueza. Cf. ARAÚJO, E. *O teatro dos vícios*, p. 73.
²¹⁷DEL BRENNA, op. cit., p. 25.

abolição do uso das rótulas, o *gosto mourisco* se afirmou na própria residência real da Quinta da Boa Vista,[218] e continuou a entrar em competição com o *bom gosto*, de matriz européia. Segundo Del Brenna, as influências arquitetônicas árabes continuariam a manifestar-se "sob várias formas, e com renovada vitalidade, por todo o século XIX",[219] nas formas mais íntimas de viver e de habitar, assim como em características arquitetônicas tais como o uso dos azulejos na fachada das casas ou a existência dos pátios internos com jardins e fontes.

A mescla de permanências e mudanças nas características arquitetônicas e urbanísticas do Rio de Janeiro, durante o período joanino, permite concluir que, se por um lado, o Rio de Janeiro não é a capital européia que desejam o padre Luís Gonçalves dos Santos e Oliveira Lima; por outro, também não é aquele ambiente *aflito e asselvajado* de que fala Luiz Edmundo, onde não existiria um único edifício decente.[220]

---

[218]Ibid., p. 26. Obra da intervenção do arquiteto português Manuel da Costa, realizada em 1819. Curiosamente o mesmo que havia construído o Real Teatro São João. Detalhe interessante se aceitarmos a sugestão de Lília Moritz Schwarcz e pensarmos a moradia do rei como um dos símbolos da monarquia. Cf. SCHWARCZ, L. M. "As residências de D. Pedro". In: *As barbas do imperador*, p. 207 a 245.
[219]DEL BRENNA, op. cit., p. 26.
[220]EDMUNDO, L. *A Corte de D. João no Rio de Janeiro*, p. 598.

Na realidade, os três autores partem do mesmo ponto para chegar a conclusões diferentes. Analisam o Rio de Janeiro do período joanino usando como parâmetro para o seu julgamento a presença (no caso do padre Gonçalves dos Santos e de Oliveira Lima) ou ausência (no caso de Edmundo) de elementos europeus na sua arquitetura e no desenho urbano da nova capital do Império português. Na minha análise, tentei mostrar que as medidas tomadas na intenção de *europeizar* a aparência do Rio de Janeiro não conseguiram apagar as marcas de três séculos de contato direto da cidade com as colônias portuguesas do Oriente, como porto de escala que era para os navios que iam ou voltavam das Índias.

O Teatro da Corte

Ato 1. Cena 1. Cenário: cais do Largo do Paço, cidade do Rio de Janeiro, 8 de março de 1808, por volta das quatro horas da tarde. Tendo chegado a essa cidade no dia 7 de março, vindo de Salvador, o príncipe regente D. João, ou quem quer que tratasse do seu cerimonial, determinou que seu desembarque e a entrada triunfal na cidade ocorreria apenas no dia seguinte, e que iria em procissão solene até a igreja de N. S. do Rosário, que então servia de Sé, agradecer o feliz termo de sua travessia do Atlântico. Mais uma vez, deixo a descrição da cena àquele que afirma tê-la presenciado, o padre Luís Gonçalves dos Santos:

> Logo que o Príncipe Regente pôs o pé em terra (...) centenas de fogos subiram ao mesmo tempo ao ar: rompeu imediatamente um clamor de vivas sobre vivas;

os alegres repiques dos sinos, e os sons dos tambores, e dos instrumentos músicos [sic], misturados com o estrondo das salvas, estrépitos dos foguetes, e aplausos do povo, faziam uma estrondosa confusão tão magnífica, majestosa, e arrebatadora, que parecia coisa sobrenatural, e maravilhosa. No meio desta assombrosa confusão de tantos, e tão multiplicados sons diferentes desembarcaram todas as pessoas reais; e juntamente com o Príncipe Regente Nosso Senhor se prostraram diante de um rico altar, que na parte superior da rampa estava erecto, em torno do qual se achava o cabido da Catedral (...) e ali osculou Sua Alteza Real a Santa Cruz (...) e o mesmo fizeram todas as pessoas reais. (...) Levantando-se Sua Alteza, o Príncipe Regente Nosso Senhor, com a sereníssima senhora princesa, e a sua augusta família, se recolheram debaixo de um precioso pálio de seda de ouro encarnada, cujas varas eram sustentadas pelo juiz de fora, presidente do senado da Câmara, Agostinho Petra Bitancurt, pelos vereadores, Manuel José da Costa, Francisco Xavier Pires, Manuel Pinheiro Guimarães; procurador, José Luís Álvares; escrivão, Antônio Martins Brito, e cidadãos, Anacleto Elias da Fonseca, e Amaro Velho da Silva, os quais ambos, havendo sido vereadores, foram convidados para esta ação, que tanto honrou a todos.

Então começou a caminhar a procissão do modo seguinte: um numeroso cortejo das mais distintas pessoas civis e militares, que não se achavam em atual serviço, ou não tinham lugares determinados, vinha

Figura 1. Pano de boca executado para a representação extraordinária dada no teatro da Corte por ocasião da coroação de D. Pedro I, imperador do Brasil. *Viagem pitoresca e histórica ao Brasil*, Jean-Baptiste Debret, vol. 3, prancha nº 49.

Figura 2. Aceitação provisória da Constituição de Lisboa. *Viagem pitoresca e histórica ao Brasil*, Jean-Baptiste Debret, vol. 3, prancha nº 45.

Figura 3. As primeiras ocupações da manhã. *Viagem pitoresca e histórica ao Brasil*, Jean-Baptiste Debret, vol. 3, prancha nº 4.

Figura 4. Vista do Largo do Palácio no dia da Aclamação de D. João VI.
Viagem pitoresca e histórica ao Brasil, Jean-Baptiste Debret,
vol. 3, prancha nº 38.

Figura 5. Decoração do bailado histórico.
Viagem pitoresca e histórica ao Brasil, Jean-Baptiste Debret,
vol. 3, prancha nº 39.

Figura 6. Uma senhora brasileira em seu lar.
Viagem pitoresca e histórica ao Brasil, Jean-Baptiste Debret,
vol. 2, prancha nº 6.

Figura 7. Os refrescos do Largo do Palácio.
Viagem pitoresca e histórica ao Brasil, Jean-Baptiste Debret,
vol. 2, prancha nº 9.

Figura 8. Carruagens e móveis prontos para embarque.
Viagem pitoresca e histórica ao Brasil, Jean-Baptiste Debret,
vol. 2, prancha nº 37.

Figura 9. Interior de uma residência de ciganos.
Viagem pitoresca e histórica ao Brasil, Jean-Baptiste Debret,
vol. 2, prancha nº 24.

Figura 10. Negociante de tabaco.
Viagem pitoresca e histórica ao Brasil, Jean-Baptiste Debret,
vol. 2, prancha nº 41.

Figura 11. Colar de ferro, castigo dos negros fugitivos.
Viagem pitoresca e histórica ao Brasil, Jean-Baptiste Debret,
vol. 2, prancha nº 42.

Figura 12. Coleta para a manutenção da igreja do Rosário.
Viagem pitoresca e histórica ao Brasil, Jean-Baptiste Debret,
vol. 3, prancha nº 30.

adiante (...) e promiscuamente os religiosos de São Bento, do Carmo, e de S. Francisco, alguns barbadinhos, seminaristas de S. José, de S. Joaquim, e da Lapa, e também os magistrados sem distinção de lugar; seguia-se o estandarte da Câmara, que era levado por um cidadão (...); formavam em seguimento do estandarte os cidadãos (...) duas compridas alas por um e outro lado; vinha depois a cruz do cabido entre dois cereais [sic], e logo todo o clero da cidade também em duas alas (...); e finalmente o cabido com pluviais; então vinha o pálio, e debaixo dele o Príncipe Regente Nosso Senhor com a sua real família.[221]

O padre Gonçalves dos Santos afirma ainda que as ruas por onde havia de passar o cortejo real estavam cobertas de areia, folhas, flores e ervas odoríferas; e que portas e janelas das casas estavam enfeitadas com tapeçarias e cortinados, de acordo com o bando que a Câmara passou para a ocasião. Afirma também que essas mesmas ruas estavam cobertas de "imenso povo",[222] que ocupava portas e janelas "e mesmo estava sobre os telhados".[223] Terminada a solenidade

---

[221]SANTOS, L. G. dos. *Memórias para servir à história do reino do Brasil*, tomo 1, p. 177/178.
[222]Ibid., p. 179.
[223]Ibid., loc. cit.

na igreja do Rosário, o príncipe regente e a Família Real voltaram em coches ao Paço onde, como diz o padre cronista:

> (...) começou a concorrer a fidalguia, o cabido, a Câmara, os magistrados, os oficiais de superior patente, e as pessoas mais distintas da cidade, para terem a honra de cumprimentar o Príncipe Regente Nosso Senhor, e beijar a sua real mão, em demonstração da sua vassalagem.[224]

A partir de então, o Rio de Janeiro iria servir de cenário para cerimônias de Corte, semelhantes à descrita, que contariam com a presença do príncipe regente e de outros membros da Família Real. Como afirma Iara Lis Carvalho Souza, o estabelecimento da Corte portuguesa no Rio de Janeiro intensificou um tempo festivo "com as maiores celebrações que até então a cidade sediara".[225]

Rodrigo Bentes Monteiro chama a atenção para o fato de que, anteriormente mesmo à sua vinda para o território colonial, o soberano português já era cultuado pelos súditos ultramarinos através de come-

---

[224] Ibid., p. 181.
[225] SOUZA, I. L. C. "Entre festas e representações". In: *Anais do Seminário Internacional D. João VI: Um rei aclamado na América*, p. 51.

morações de aniversários, nascimentos e mortes de membros da Família Real portuguesa, ressaltando a ênfase dada a essas práticas durante o reinado de D. João V (1706-1750).[226] Por meio de rituais de entrada, como o do desembarque do príncipe regente, também eram empossados os funcionários metropolitanos que vinham exercer cargos no ultramar. Rituais que tinham, ao mesmo tempo, uma função política.[227] Não por acaso era principalmente nesses momentos em que a monarquia corria algum risco e, por isso, tinha a necessidade de se afirmar, que se lançou mão de tal expediente. Como no caso da vinda da Família Real portuguesa para o Rio de Janeiro. Como afirma Iara Lis, a transplantação da Corte, por si só, reafirmava a monarquia e o Império na América em meio ao processo de independência das colônias espanholas.[228]

Por isso, o antropólogo norte-americano Clifford Geertz denomina essas cerimônias de *rituais de dominação*. Como em um *teatro didático*, tais cerimônias tinham a função de identificar o centro do poder, relacioná-lo com realidades transcendentes e marcar

---
[226]MONTEIRO, R. B. "Entre festas e motins". In: *O rei no espelho*, p. 279 a 327.
[227]Ver p. 47.
[228]SOUZA, op. cit., p. 61.

o território em que pretendia se impor.[229] Para Geertz, era nas monarquias tradicionais, como as chamadas Monarquias Absolutistas do Antigo Regime europeu, que a ligação entre a natureza do poder e o estabelecimento de rituais simbólicos ficaria mais patente. Aí, esses dois aspectos seriam indissociáveis, a ponto de esse autor afirmar que os ritos, as cerimônias e os espetáculos do Estado são o próprio Estado, e que toda política é ação simbólica. Cunhando, por isso, o conceito de *Estado-Teatro*.[230] Georges Balandier, como que a corroborar o conceito cunhado por Geertz, que aproxima política e arte (ou *artifício*), afirma que "todo sistema de poder é um dispositivo destinado a produzir efeitos, entre os quais os que se comparam às ilusões criadas pelas ilusões do teatro",[231] ressaltando que as técnicas dramáticas não seriam utilizadas exclusiva-

---

[229] Em seu artigo "Centros, reis e carisma: reflexões sobre o simbolismo do poder", Geertz chama a atenção para as diversas *entradas* solenes que fez a rainha Elizabeth I, da Inglaterra, ao longo do seu reinado. O espetáculo do cortejo real não se restringiu à ocasião da entronização da rainha, nem à capital do reino, sendo repetido ao longo de todo o seu reinado e em diversas cidades da Inglaterra. GEERTZ, C. "Centros, reis e carisma: reflexões sobre o simbolismo do poder". In: *O saber local: Novos ensaios em antropologia interpretativa*, p. 182 a 219.
[230] Geertz identificou essa mesma prática na monarquia balinesa do século XIX. Cf. GEERTZ, C. *Negara: O Estado-teatro no século XIX*.
[231] BALANDIER, G. *O poder em cena*, p. 6.

mente no teatro, mas também na direção do Estado. Como afirma Balandier, "o grande ator político comanda o real através do imaginário":[232]

> O poder estabelecido unicamente sobre a força ou sobre a violência não controlada teria uma existência constantemente ameaçada; o poder exposto debaixo da iluminação exclusiva da razão teria pouca credibilidade. Ele não consegue manter-se nem pelo domínio brutal e nem pela justificação racional. Ele só se realiza e se conserva pela transposição, pela produção de imagens, pela manipulação de símbolos e sua organização em um quadro cerimonial.[233]

Algumas das características que conferiam eficácia política a essas representações rituais podem ser encontradas na narrativa do padre Gonçalves dos Santos sobre a entrada de D. João no Rio de Janeiro. Como, por exemplo, a rigidez do cerimonial, que fixava o lugar de cada ator no cortejo real, de modo a garantir a fiel representação visual da hierarquia social.[234] Hie-

---

[232]Ibid., loc. cit.
[233]Ibid., p. 7.
[234]Exemplificada na escolha daqueles que carregariam o pálio debaixo do qual iriam as pessoas reais. Personagens com direito a serem citados nominalmente na *memória* escrita pelo padre Gonçalves dos Santos.

rarquia que somente poderia ser abandonada também por ordem estrita do cerimonial. Como no caso do grupo de religiosos e magistrados que abriam a procissão;[235] ou no do beija-mão concedido ainda na igreja do Rosário, quando "Suas Altezas (...) deram a mão a beijar a todos quantos se aproximavam às suas reais pessoas, sem preferência, nem exclusão de ninguém".[236] Nesse caso, a quebra da hierarquia talvez significasse a igualdade de todos os súditos perante o soberano, na hora de prestar vassalagem.

Outra característica que conferia eficácia política ao ritual era a preocupação de exibir uma ligação entre os poderes laico e religioso, exemplificada tanto na presença destacada das autoridades religiosas durante todo o cerimonial, quanto no local mesmo escolhido para sua realização. A principal igreja da cidade: a Sé. D. João não fez da ida à Sé seu primeiro ato político/simbólico/teatral no Rio de Janeiro apenas por uma extremada devoção, mas também para ressaltar o caráter sagrado da monarquia portuguesa e do poder a ele conferido. Ou, dito de outra forma, para fa-

---

[235]"(...) vinha adiante (...) e promiscuamente os religiosos de São Bento, do Carmo e de São Francisco, alguns barbadinhos, seminaristas de S. José, de S. Joaquim e da Lapa, e também os magistrados sem distinção de lugar." SANTOS, op. cit., tomo 1, p. 177/178.
[236]Ibid., p. 180.

zer aquela relação entre o poder e a realidade transcendente, de que fala Geertz.

Há que se ressaltar, porém, os dois lados da questão. Se, para o monarca, e para as outras autoridades laicas e religiosas, as cerimônias e comemorações eram uma forma de confirmar e exibir seu poder; para os habitantes da cidade elas eram, sobretudo, uma forma de diversão. Uma das únicas, como ressaltam vários autores, disponíveis para a população da colônia.[237] Sobretudo quando as cerimônias eram acompanhadas de touradas, cavalhadas, luminárias, fogos, construções de arquitetura efêmera e, a partir da segunda metade do século XVIII, representações teatrais. No Rio de Janeiro, durante o período de permanência de D. João, foram construídos, para tais diversões, no Campo de Santana, em 1810, a praça do Curro e o seu Palacete, que foram palco de todas as grandes festividades até o fim do período joanino. Como afirma Maria Beatriz Nizza da Silva:

> (...) não se pode encarar a noção de festejo público apenas como uma forma de mistificação política ou social. O povo aprende a respeitar o soberano, mas ao mesmo

---

[237] Sobre as formas de diversão na colônia, ver, entre outros: ARAÚJO, E. *O teatro dos vícios*, p. 130 a 149; e SILVA, M. B. N. da. *Cultura e sociedade no Rio de Janeiro (1808-1821)*, p. 57 a 80.

tempo diverte-se; o povo fica entretido e, portanto, tranqüilo, mas ao mesmo tempo que é espectador, ele participa do festejo.[238]

Esse aspecto de diversão popular das cerimônias e festividades de Corte também aparece na narrativa do padre Gonçalves dos Santos sobre o desembarque de D. João, quando diz que as ruas por onde passaria o cortejo real ficaram repletas de gente, inclusive sobre os telhados das casas. Afirma o padre cronista que

> Toda a cidade recebeu com sumo prazer e satisfação a notícia, de que o Príncipe Regente Nosso Senhor iria em procissão solene à Sé (...), por isso mesmo que neste longo trajeto o povo teria melhor ocasião de ver o seu príncipe e senhor com a sua augusta família: e sobretudo os moradores das mencionadas ruas se encheram do mais vivo alvoroço, e contentamento, e desde logo não houve casa, que não fosse pedida, e rogada, ou mesmo oferecida a muitas famílias, para dali verem a triunfante pompa, com que o Príncipe Regente Nosso Senhor, e a sua real família seriam recebidos pelos seus leais vassalos americanos.[239]

---
[238]SILVA, op. cit., p. 57.
[239]SANTOS, op. cit., tomo 1, p. 176.

A multiplicação das cerimônias de Corte, como a do desembarque do príncipe regente aqui mencionada, é apenas um aspecto das mudanças impostas ao cotidiano da população do Rio de Janeiro com o estabelecimento da Corte de D. João. A difusão de uma *sociabilidade de Corte*, com suas *formas* e *espaços* de sociabilidade próprios, provoca uma necessária mudança no comportamento público e privado, senão de todos os habitantes da cidade, pelo menos daqueles pertencentes às suas camadas mais nobres, e que mantêm um contato mais direto com a nobreza imigrada e a Família Real. Se, por um lado, no espaço público os representantes da *nobreza da terra* têm que aprender a se comportar na Corte, em presença das pessoas reais, de duques e marqueses e de dignitários estrangeiros, de acordo com as suas rígidas regras de etiqueta e hierarquia; por outro, na sua vida privada esses mesmos indivíduos procuram adotar hábitos mais *europeizados*, considerados *civilizados*, importados e difundidos pela crescente presença de estrangeiros (principalmente franceses e ingleses) e o seu comércio de utensílios de uso cotidiano.

A Corte como teatro

Ato 2. Cena 1. Cenário: caminho de Matacavalos, Corte do Rio de Janeiro, 1814. Em uma passagem do livro

Memórias póstumas de Brás Cubas (de 1881), Machado de Assis, ou antes o narrador-defunto que dá nome ao romance, narra um episódio vivido por ele no ano de 1814, quando tinha nove anos. Brás Cubas narra que, por ocasião da queda de Napoleão, a população da Corte do Rio de Janeiro *"não regateou demonstrações de afeto à real família"*,[240] promovendo iluminações, salvas de tiros, *Te Deum*, cortejos e aclamações. Seu pai resolve, então, promover um jantar para celebrar a ocasião:

> Não se contentou a minha família em ter um quinhão anônimo no regozijo público; entendeu oportuno e indispensável celebrar a destituição do imperador com um jantar, *e tal jantar que o ruído das aclamações chegasse aos ouvidos de Sua Alteza, ou quando menos, de seus ministros*. Dito e feito. Veio abaixo toda a velha prataria, herdada do meu avô Luís Cubas; vieram as toalhas de Flandres, as grandes jarras da Índia; matou-se um capado; encomendaram-se às madres de Ajuda as compotas e marmeladas; lavaram-se, arearam-se, poliram-se as salas, escadas, castiçais, arandelas, as vastas mangas de vidro, todos os aparelhos do luxo clássico.
>
> Dada a hora, achou-se reunida uma sociedade seleta, o juiz de fora, três ou quatro oficiais militares, alguns

---

[240] ASSIS, M. de. "Um episódio de 1814". In: *Memórias póstumas de Brás Cubas*, p. 41.

comerciantes e letrados, vários funcionários da administração, uns com suas mulheres e filhas, outros sem elas, mas todos comungando no desejo de atolar a memória de Bonaparte no papo de um peru.[241] [grifos meus]

Brás Cubas deixa claro que o empenho de seu pai na organização dessa recepção, onde figuram atores sociais de primeiro escalão como o juiz de fora, oficiais militares e funcionários da administração (uma *sociedade seleta*, como ele diz), tem a intenção de chamar sobre si a atenção do príncipe regente, mais do que de celebrar a queda de Napoleão. Com a encenação desse ato de ostentação de recursos financeiros e relações pessoais, o pai de Brás Cubas procurava impressionar o soberano e angariar seu quinhão na distribuição periódica de mercês, feitas por D. João.

Já ressaltou Ilmar R. de Mattos que a transferência da Corte propiciou maior aproximação entre colonizadores reinóis e colonos e colonizadores sediados no Rio de Janeiro (ou entre a nobreza do reino e a *nobreza da terra*, como dizem outros autores).[242] O estabelecimento da Corte no Rio de Janeiro dá a esses últimos a oportunidade de obter vantagens tais como

---

[241]Ibid., loc. cit.
[242]E que vai desembocar naquela diferenciação do Rio de Janeiro e da *região Sul*, a qual me referi no capítulo anterior. Cf. MATTOS, I. R. de. *O tempo Saquarema*, p. 50 a 53.

títulos de nobreza e cargos de distinção no serviço do aparelho burocrático e/ou do Paço, sem que seja preciso ir a Portugal ou ser eleito vereador da Câmara Municipal, como durante os séculos anteriores. Nas sociedades de Antigo Regime a Corte tinha um lugar central não só como centro político, lugar da crescente influência do poder régio e de fabricação da representação da unidade do reino e de sua história; mas também como espaço de relações interpessoais que se hierarquizavam em torno e a partir do rei. Como explica Norbert Elias, a circulação social na Corte tinha duas faces. Se, por um lado, equivalia à nossa vida particular, proporcionando descanso, prazer e diversão; por outro lado, equivalia também à nossa vida profissional, sendo um instrumento imediato para a carreira e a auto-afirmação, um meio de ascensão social (e também de queda). Como afirma esse autor, na Corte "todas as engrenagens da sociedade acabavam se juntando; nela se decidiam ainda a possibilidade, a reputação e, até certo ponto, os rendimentos dos cortesãos".[243]

Conta Brás Cubas que, antes do jantar de 1814, seu pai já havia lançado mão de outros artifícios na sua intenção de persuadir os outros da nobreza de seu sangue, como a invenção de uma genealogia, e de uma

---

[243] ELIAS, N. *A sociedade de Corte*, p. 97.

origem nobre para o seu sobrenome.²⁴⁴ Com a instalação da Corte, ele viu abrir-se mais uma alternativa favorável aos seus intentos. Mas, para tanto, era necessário submeter-se às características do comportamento cortesão, sua etiqueta e cerimonial. A principal das quais *a inscrição da realidade na aparência*.²⁴⁵ O papel social do indivíduo, nas sociedades de Corte do Antigo Regime, era definido pela representação que ele fazia de si próprio e pelo reconhecimento dos outros a essa representação. O que tinha como implicações a prática de uma economia aristocrática de ostentação (onde as despesas eram reguladas pelas exigências da posição que se quer ocupar),²⁴⁶ por um lado; e a submissão à prática da etiqueta de Corte, por outro. A prática da etiqueta consiste numa auto-representação da sociedade de Corte, através da qual cada indivíduo, inclusive o rei, tem seu prestígio e sua posição social confirmados pelos outros. É na prática da etiqueta, com suas regras de precedência e privilégios, como as que vimos na descrição do cerimonial de desembarque de D. João, que se confirma a posição de cada um dentro da sociedade de Corte. Como diz Elias:

---

[244] ASSIS, op. cit., p. 20/21.
[245] Conforme sistematizou Roger Chartier, no seu prefácio à edição brasileira da citada obra de Elias. ELIAS, op. cit., p. 21.
[246] Como no caso do banquete oferecido pelo pai de Brás Cubas.

Na sociedade de Corte a realidade social residia justamente na posição e na reputação atribuídas a alguém por sua própria sociedade — à sua frente o rei (...); ali, a possibilidade de andar à frente ou de sentar antes de outro, ou o grau de reverência que alguém recebia, a amabilidade da recepção, e assim por diante, não eram absolutamente "frivolidades". (...) Eram documentações literais da existência social, ou seja, do lugar que o indivíduo ocupava na hierarquia da sociedade de Corte naquele momento.[247]

Essa *inscrição da realidade na aparência* é um aspecto da mentalidade barroca característica da vida nas sociedades de Corte. Expressão da idéia, muito difundida no século XVII, do *mundo como teatro*.[248] No *grande teatro do mundo* cada um devia representar o papel que lhe cabia. Como afirma Eduardo D'Oliveira França, referindo-se ao século XVII: "Época de tipos. Tipos que se estandardizavam. No vestuário. Nos gestos

---

[247] ELIAS, op. cit., p. 111.
[248] Esse tópico da visão de mundo do homem barroco chama a atenção para aspectos como o caráter transitório do papel designado a cada um, que somente se goza ou se sofre durante uma representação; o rodízio na distribuição de papéis, de maneira que o que hoje é um, amanhã será outro; e, o que nos interessa mais particularmente nesse momento, a condição aparencial, nunca substancial, de modo que aquilo que se aparenta ser não afeta o núcleo último da pessoa, mas fica na superfície do aparente, freqüentemente em flagrante contradição com o ser e o valer profundos de cada um.

e atitudes e até na linguagem. (...) Que cada qual representasse bem, eis um dever. Desde o rei até o moço de estrebaria."[249] O comportamento na Corte servia de modelo para o comportamento em todas as outras esferas da vida social.[250] Segundo Geertz,

> pelo simples acto de fornecer um modelo, um protótipo, uma imagem impecável da existência civilizada, a Corte molda o mundo à sua volta numa aproximação, mesmo que rudimentar, da sua própria perfeição.[251]

---

[249] FRANÇA, E. d'O. "Um século barroco". In: *Portugal na época da restauração*, p. 53.

[250] O controle das emoções pessoais era fundamental para a sobrevivência dentro da sociedade de Corte. O que fez com que a Corte desempenhasse um papel fundamental no processo de controle das pulsões, emoções e afetos, que constituiu o que Elias denominou de *Processo Civilizador*, como já ressaltei anteriormente neste trabalho (ver p. 81). O que gerava um comportamento que chamaríamos, de acordo com nossos padrões, de sumamente artificial. Em outra obra sua, Elias chamou a atenção para o resultado da recusa, ou incapacidade, de *representar o papel de cortesão* por parte do compositor Wolfang Amadeus Mozart (1756-1791), na Corte austríaca da segunda metade do século XVIII (cf. ELIAS, N. *Mozart: Sociologia de um gênio*). Elias chama a atenção também para a necessidade de se compreender as idéias do filósofo francês Jean-Jacques Rousseau (1712-1778) como a expressão de uma reação contra esse comportamento artificial de Corte e contra a supressão dos sentimentos na vida da Corte (cf. ELIAS, N. *A sociedade de Corte*, p 128).

[251] GEERTZ, C. *Negara: O Estado-teatro no século XIX*, p. 26. Porém, como ressalta Roger Chartier no prefácio à edição brasileira do livro de Elias, a generalização do comportamento próprio à sociedade de Corte não deve ser compreendida como uma simples difusão, ganhando progressivamente todo o corpo social a partir da elite que o domina. Mas antes como o resultado de uma luta de concorrência que faz com que as camadas burguesas imitem as maneiras de ser aristocráticas. ELIAS, N. *A sociedade de Corte*, p. 23.

A transferência da Família Real promoveu a instalação aqui de uma sociedade de Corte que, guardadas as devidas proporções, seguia a mentalidade barroca comum a todas as Cortes do Antigo Regime, que o Classicismo não logrou *desbarroquizar*, como afirma Affonso Ávila.[252] A Corte estudada por Elias, a de Luís XIV, é o tipo mais acabado de sociedade de Corte e, se for esse o objetivo, podem-se encontrar mais diferenças do que semelhanças entre a Corte francesa do século XVII e a portuguesa do século XIX.[253] Porém, a intenção aqui é justamente a oposta: a de ressaltar os traços comuns que a Corte de D. João no Rio de Janeiro guardava com todas as outras sociedades de Corte do Antigo Regime.

O comerciante inglês John Luccock chama atenção para a situação da Corte portuguesa no Rio de Janeiro em 1808 e, assim como em outros aspectos da vida no Rio de Janeiro por ele observados, ressalta o *progresso* que ele nota no cerimonial dessa Corte até 1818 (sempre tomando como parâmetro de compa-

---

[252] ÁVILA, A. *O lúdico e as projeções do mundo barroco*, vol. 1, p. 66.
[253] Umas das quais, o fato de não coincidirem, nessa última, a Corte e o palácio. Dadas as reduzidas dimensões dos palácios reais na Corte do Rio de Janeiro, seria impossível uma reprodução aqui da vida em Versalhes, conforme descrita por Elias. No que se refere à disposição espacial da nobreza na Corte, apenas a partir do Primeiro Reinado é que se fortalece a tendência dos nobres a residirem próximos ao Paço de São Cristóvão.

ração o comportamento nas Cortes européias). Num dos primeiros dias de grande gala passados no Rio de Janeiro, a pobreza da Corte fica patente, para Luccock, no cortejo do aniversário da rainha: "só apareceram seis carros à festa, todos eles abertos, de duas rodas, puxados por um par de mulas miseráveis e conduzidos por negros imundos."[254] Diz o comerciante inglês que somente aqueles que tinham meios de se aproximar da Corte de perto e com freqüência podiam "conceber as aperturas a que ela se achava reduzida".[255] Porém, já em 1813, ele diz que "na Corte começou a aparecer alguma semelhança para com a magnificência das européias".[256] Ressaltando a necessidade de adaptação do comportamento dos colonos à vida na Corte, afirma que "exigia-se o antigo traje de Corte; a nobreza local fez-se mais atenta ao bom-gosto [sic] e propriedade das suas maneiras de vestir, introduzindo-se librés de gala semelhantes às de Lisboa".[257] Tudo devido, na opinião de Luccock, há que se lembrar sempre, à convivência com os europeus.

Luccock faz referência também à prática, no Rio de Janeiro, de cerimônias tradicionais de Corte como

---

[254] LUCCOCK, J. *Notas sobre o Rio de Janeiro e partes meridionais do Brasil*, p. 67.
[255] Ibid., p. 64.
[256] Ibid., p. 163.
[257] Ibid., loc. cit.

o do *despertar* do rei. Contrariando o julgamento, largamente repetido na historiografia, de que D. João era um monarca avesso às formalidades do cerimonial, afirma o comerciante inglês que, em 1813, "o despertar do príncipe era realizado freqüentemente, com muita dignidade".[258] Em cerimônias como essa, em que os atos mais privados do rei se transformavam em cerimônias públicas, a hierarquia social era representada no privilégio do acesso de determinados indivíduos aos aposentos do rei. E a concessão desse privilégio se refletia em prestígio social.[259] Cerimônias correlatas eram também as do *coucher* (o deitar-se) e do *gourmet* (as refeições) do rei. A prática do *gourmet* é observada por Luiz Edmundo na Corte de D. João. Narra o cronista republicano:

> É curioso saber como comia o Príncipe. Iam buscá-lo onde estivesse, os filhos e as filhas acompanhando-o até a sala de comer. Já nas proximidades da mesma achava-se toda

---

[258]Ibid., loc. cit.
[259]A cerimônia do *lever* de Luís XIV é tomada por Norbert Elias como exemplo da estrutura e elaboração da vida de Corte (ELIAS, N. *A sociedade de Corte*, p. 101/102). Explica Peter Burke que a vida diária do rei compunha-se de ações que não eram simplesmente recorrentes, mas carregadas de sentido simbólico, porque eram desempenhadas em público por um ator cuja pessoa era sagrada. Os mesmos eventos produziam-se todos os dias nas mesmas horas, a tal ponto que uma pessoa poderia acertar seu relógio pelo rei (BURKE, P. *A fabricação do rei*, p. 101).

uma multidão, a alta-famulagem de Palácio, inclusive, testemunhas oficiais de um espetáculo verdadeiramente comovedor — o almoço do Regente. (...) Era um espetáculo, além de enormemente concorrido, muito curioso, o dessa interessante refeição. Além dos Príncipes, assistiam, de pé, postos em linha, todos os camaristas, o guarda-roupa, os veadores, os oficiais-mores do Paço, o médico de semana, o físico-mor e todas as pessoas, enfim, que estivessem na residência real, por esse momento, e fossem dignas de assistir a tão grande e tão espetaculosa solenidade.[260]

A atenção dada por Luccock ao desenvolvimento do cerimonial na Corte de D. João explica-se quando se percebe que ele estava atento à importante função política que o cerimonial desempenhava:

> Poucos são aqueles que se atrevem à deslealdade, quando se lhes permite presenciar o cerimonial da Corte, quando sabem que também eles podem apresentar-se ao Soberano, para o que basta sujeitar-se à pragmática estabelecida em dias fixos da semana, encontrando assim caminho para as honrarias abertas ao mérito, onde quer que este apareça.[261]

---

[260] EDMUNDO, L. *A corte de D. João no Rio de Janeiro*, p. 146/147. Pelo tom irônico, percebe-se que a intenção de Edmundo ao descrever essa cerimônia é ridicularizá-la como uma extravagância das sociedades de Antigo Regime, e fixar a imagem de glutão atribuída a D. João.
[261] LUCCOCK, op. cit., p. 163.

De fato, os cerimoniais eram ocasiões para uma farta distribuição de títulos de nobreza e outras mercês por parte de D. João.[262] O que é facilmente percebido na leitura das *Memórias* do padre Gonçalves dos Santos. O dia do aniversário das pessoas reais era uma ocasião comumente utilizada para tal fim. E o cronista não se furta a citar nominalmente, pelo menos, os mais importantes nobres agraciados e os respectivos títulos recebidos nessas ocasiões.[263] Durante o período que permaneceu no Rio de Janeiro, D. João distribuiu 254 títulos de nobreza, sendo 11 duques, 38 marqueses, 64 condes, 91 viscondes e 31 barões.[264]

É na Aclamação de D. João, realizada em 6 de fevereiro de 1818, que as cerimônias de Corte atingem seu ponto máximo durante o período de permanência da Corte portuguesa no Rio de Janeiro. A começar pela sua importância para a monarquia e seu significado.

---

[262] A respeito da distribuição de mercês durante o período joanino ver NEVES, G. P. das. *E receberá mercê: A mesa da consciência e ordens e o clero secular no Brasil*, 1808-1821.

[263] Já no primeiro aniversário de D. Maria I comemorado no Rio de Janeiro (em 17 de dezembro de 1808) foram distribuídos seis títulos de nobreza e feitos nove comendadores das Ordens Militares da Torre e Espada e de Cristo. Mas a distribuição de títulos foi parte integrante de outras cerimônias, tais como o casamento de D. Pedro com D. Leopoldina, em 1817, o batizado da primeira filha desse casal real, em 1819, e a Aclamação de D. João, em 6 de fevereiro de 1818.

[264] Segundo SCHWARCZ, L. M. *As barbas do imperador*, p. 159.

Além de ser a primeira vez que a América assistia à entronização de um rei, essa cerimônia simbolizava a refundação do Império português nos trópicos, em acordo com o manifesto de 1º de maio de 1808, publicado por D. João já no Rio de Janeiro, que, além de declarar guerra à França, anunciava que "a Corte de Portugal levantará a sua voz do seio do novo império que vai criar".[265] Segundo a longa narrativa do padre Gonçalves dos Santos, o cerimonial durou cerca de quatro horas e contou com a presença de todos os elementos indispensáveis à garantia de sua eficácia política. Sua preparação gerou um documento de nove folhas na intenção de estabelecer de forma mais detalhada possível a participação e o papel que caberiam a cada um dos atores sociais que fariam parte da encenação. Pela leitura do documento ficam claras a rigidez do cerimonial no estabelecimento daqueles que acompanhariam D. João no curto trajeto do cortejo real entre o Paço Real e a varanda armada para a Aclamação, em frente ao Convento do Carmo. A questão da precedência cabida a cada um, de acordo com sua posição na hierarquia social, foi o motivo das muitas rasuras que esse documento contém. A rigidez do cerimonial gera

---

[265] Apud MACEDO, R. *História administrativa do Brasil*, v. VI, parte VIII, p. 38.

cenas curiosas como o fato de o infante D. Miguel, então com dezesseis anos, ser obrigado a passar as quatro horas de duração da solenidade com o estoque na mão direita, desembainhado e erguido. Posição abandonada em apenas um momento, durante o seu juramento de fidelidade.[266]

Aparece nesse documento, assim como na narrativa do padre Santos, a ligação entre os poderes laico e religioso. Pela escolha da data do evento: dia da missa do Espírito Santo, "conciliando a festividade da Igreja com a da Nação", como nos informa o padre cronista;[267] pelo juramento feito sobre a cruz e o missal[268] e pela cerimônia religiosa que se seguiu à Aclamação, realizada na Capela Real, e que fez com que o dia

---

[266] "Seguir-se-á o Senhor Infante Dom Miguel, o qual tanto que estiver ajoelhado junto à cadeira, *mudará o estoque para a mão esquerda* e pondo a mão direita sobre a cruz e missal, fará o seu juramento na sobredita forma, feito o qual irá beijar a mão à Sua Majestade, e voltará a ocupar o seu lugar." Arquivo Nacional. Fundo: Casa Real e Imperial — Mordomia-Mor. Códice 569 [grifos meus].

[267] SANTOS, op. cit., tomo 2, p. 154.

[268] "Sua Majestade se ajoelhará sobre a almofada que estará aos seus pés, mudará o cetro para a mão esquerda e, pondo a mão direita sobre a cruz e o missal, fará o juramento, o qual lhe irá lendo o mesmo secretário de Estado, que também deve estar de joelhos junto à cadeira." Arquivo Nacional. Fundo: Casa Real e Imperial — Mordomia-Mor. Códice 569.

festivo iniciasse e terminasse com missas.[269] Se, por um lado, a Aclamação significava a aceitação do novo rei pelos seus súditos (e vice-versa), a concórdia entre o rei e os vassalos, por outro, a monarquia continuava revestida de um caráter sagrado. Maior do que qualquer acordo terreno.

Completava a cerimônia a ornamentação do Largo do Paço: "O Real Palácio estava todo ornado de cortinados de damasco carmesim, e do mesmo modo todos os edifícios, que formam o quadrado da praça, estavam enfeitados."[270] No Largo foram erguidos ainda um obelisco egípcio, um arco do triunfo romano e um templo grego, obras dos artistas franceses Montigny e Debret. Além da varanda que cobria toda a

---

[269] Já vimos que a escolha das datas para a realização das comemorações não era, de maneira nenhuma, arbitrária. Era comum fazer com que coincidissem cerimônias laicas e religiosas ou as diferentes datas de celebrações ligadas aos membros da Família Real, criando-se, dessa forma, um *calendário real* em que as datas festivas, e os eventos a serem comemorados se reforçavam mutuamente. Criando-se, dessa forma, uma memória da monarquia através de um rígido controle do calendário (cf. p. 45). Por exemplo, o casamento dos infantes D. Pedro Carlos e D. Maria Tereza foi celebrado no mesmo dia do aniversário do príncipe regente (13 de maio de 1810); assim também o filho desse casal, D. Sebastião, nasceu "por coincidência" no dia da celebração do nome de D. Carlota Joaquina (4 de novembro de 1811) e é batizado no dia do aniversário de D. Maria I (17 de dezembro).
[270] SANTOS, op. cit., tomo 2, p. 154.

frente do Convento do Carmo, onde foi realizado o ato da Aclamação, e cuja magnificência foi retratada por Debret (figura 4), e de três arcos triunfais preservados da cerimônia de entrada de D. Leopoldina, ocorrida no final do ano anterior, montados na rua Direita. Coroando o ato não faltaram os fogos de costume e as luminárias nas casas de particulares.

Nos componentes dessa solenidade sobrevive uma concepção barroca das festas. Em primeiro lugar, pelo seu entroncamento com o sistema político.[271] As festas barrocas eram organizadas para ostentação e para suscitar admiração, predominando sua pompa e artificialidade. Provas da grandeza e do poder social daquele que a oferece. Deveriam contar com alguma invenção, um mecanismo engenhoso, um artefato inusitado, uma construção arquitetônica que, com papelão e madeira ou outros meios similares, simulasse uma grandiosidade impressionante, como a ornamentação construída pelos artistas franceses no Largo do Paço.

---

[271] Como diz José Antonio Maravall, na monarquia barroca, a festa converte-se em uma celebração institucionalizada. O comparecimento à festa e o recebimento de um oportuno obséquio convertem-se em parte da remuneração e renda de certos empregados públicos. As festas são, como todos os produtos da cultura barroca, um instrumento de caráter político: "As festas são um aspecto característico da sociedade barroca. São cantadas pelos poetas, narradas pelos escritores, em louvação de sua magnificência e em exaltação do poder dos senhores e da glória da monarquia." MARAVALL, J. A. *A cultura do barroco*, p. 381.

Diz Maravall que "quanto mais descartáveis forem os materiais, mais admiráveis serão os efeitos que com eles se obtém".[272] O padre Gonçalves dos Santos não informa com que materiais foram construídos o obelisco, o arco do triunfo e o templo de Debret e Montigny, mas afirma que o primeiro "fingia ser de granito";[273] enquanto as colunas do segundo "imitavam o granito rosa, o entablamento, e o ático, fingiam o granito cinzento".[274] Por fim, segundo Maravall, os indefectíveis fogos de artifício também atendiam perfeitamente às condições requeridas das festas barrocas: riqueza, engenho, surpresa, brevidade:

> Por sua própria artificialidade, por sua dificuldade, pelo custo em trabalho humano e em dinheiro que supõem (...), em suma, por ser tanto o que em todos os aspectos custavam, para tão curto tempo, eram mostra muito adequada do esplendor daqueles que os ordenavam.[275]

---
[272] Ibid., p. 382.
[273] SANTOS, op. cit., tomo 2, p. 154.
[274] Ibid., p. 166. Outros autores chamaram a atenção para o uso de materiais como papelão e madeira na confecção dos artefatos de arquitetura efêmera utilizados nas cerimônias ocorridas na Corte de D. João no Rio de Janeiro, como forma de ressaltar a precariedade econômica em que vivia essa Corte. A análise que faço aqui não contraria essa interpretação. Apenas procuro chamar a atenção para o fato de que a falta de recursos não era o único motivo para a utilização desses materiais.
[275] MARAVALL, op. cit., p. 383.

Em suma, eram empregados meios abundantes e dispendiosos, realizava-se um amplo esforço, faziam-se longos preparativos, montava-se um complicado aparato para provocar determinados efeitos, um prazer ou uma surpresa de poucos instantes. Como afirma Maravall: "O espectador se pergunta assombrado qual não será o poder de quem faz tudo isso para, aparentemente, alcançar tão pouca coisa, para a brevidade de uns instantes de prazer."[276] Deve-se lembrar que a grandeza da Aclamação de D. João foi financiada em boa parte pelos homens de negócio da Corte, que assim reiteravam seu apoio e lealdade ao soberano. Mas, ao mesmo tempo, esse detalhe nos permite questionar de quem era, de fato, o poder que nessa encenação se representava.

Arno Mayer mostrou como os cerimoniais preservaram seu simbolismo barroco e as características da sua prática até às vésperas da Primeira Guerra Mundial:

> O rei, o imperador e o czar continuavam [entre 1848 e 1914] a ser o foco de rituais públicos fascinantes e minuciosamente coreografados, que tornavam a inflamar sentimentos monarquistas com raízes profundas, ao mesmo tempo em que exaltavam e relegitimavam a antiga ordem como um todo.[277]

---
[276] Ibid., p. 377.
[277] MAYER, A. *A força da tradição*, p. 139.

Dessa forma, procurei mostrar que não há anacronismo algum em afirmar que com a transferência da Família Real portuguesa para o Rio de Janeiro há aqui a formação de uma Corte e a conseqüente instalação de uma Sociedade de Corte que, se por um lado tem certamente suas especificidades, por outro, guarda semelhanças com as demais Cortes européias de Antigo Regime. Semelhanças essas expressas na realização de ancestrais cerimônias de Corte que enformam uma relação entre soberano e súditos baseada na troca de favores por mercês.

A Corte no teatro

Ato 3. Cena 1. Cenário: Corte do Rio de Janeiro, 13 de maio de 1818. As comemorações do aniversário de 51 anos de D. João prolongavam as da sua Aclamação que, por sua vez, eram já um prolongamento das comemorações do desembarque da princesa Leopoldina e do seu casamento com o príncipe D. Pedro.[278] Como sempre, o padre Gonçalves dos Santos descreve o acontecimento:

---

[278] O casamento de D. Pedro e D. Leopoldina se realizou por procuração em Viena em 13 de maio de 1817 (não por acaso, data de aniversário de D. João. Reforçando aquele *calendário real* a que já me referi). Sua comemoração no Rio de Janeiro realizou-se por ocasião do desembarque da princesa austríaca nessa cidade, em 5 de novembro de 1817. Enquanto a Aclamação de D. João ocorreu em 6 de fevereiro de 1818. Esse período de um ano foi o tempo mais intenso de festejos na Corte de D. João no Rio de Janeiro.

O sempre abençoado dia 13 de maio dos faustíssimos anos de El-Rei Nosso Senhor foi festejado com a mesma pompa, e esplendor, tanto cortesão, como militar dos mais anos antecedentes. Embandeiraram-se as fortalezas, e navios de guerra, e mercantes, com as salvas ao nascer do sol, e pelo meio-dia; as tropas de linha, e milicianos se postaram em torno da praça em grande parada, e deram as salvas, e descargas do estilo com geral aplauso, e vivas a El-Rei, acompanhando o povo estas demonstrações da alegria nacional com os lenços, chapéus, e vozes. Seguiu-se depois disto o cortejo do corpo diplomático, e o beija-mão à Corte, nobreza, e pessoas das classes mais condecoradas, que em ricas equipagens concorreram ao Paço a prestar à Sua Majestade o tributo de sua vassalagem, e amor. À noite houve um gratíssimo espetáculo no Real Teatro, dado gratuitamente ao público, o qual foi honrado pela augusta presença de Sua Majestade, e da real família, a cuja chegada se deram repetidos, e unânimes vivas.[279]

Como se percebe nessa narrativa, estavam presentes todos os elementos indispensáveis às cerimônias de Corte, aos quais já me referi. Mas um desses elementos nos interessa em particular nesse momento: o espetáculo acontecido no Real Teatro.

---
[279]SANTOS, op. cit., tomo 2, p. 199.

Nas festas da Corte, invariavelmente, o espetáculo das ruas se completava no teatro, principalmente, a partir da inauguração do Real Teatro São João, em 1813, no Largo do Rossio, por ocasião do aniversário de D. Pedro (a 12 de outubro). Mas já em 1808 o padre Gonçalves dos Santos se refere a representações na Casa da Ópera do Largo do Paço, por ocasião dos aniversários de D. Pedro e de D. Maria I. E também essas representações teatrais cumpriam o mesmo papel político/didático de todos os outros elementos do cerimonial de Corte. Como explica Iara Lis: "Nas peças teatrais ensinava-se a conduta leal da América, o papel de Portugal no passado, suas glórias e conquistas."[280]

Essa utilização cortesã do teatro também está de acordo com o papel social que a cultura barroca típica das sociedades de Corte do Antigo Regime reservava ao teatro e às festas. Para José Antonio Maravall, seu papel na sociedade do século XVII não poderia ser mais importante: "Esperam-se sempre as grandes festas ou feriados do ano e acontecimentos muito divulgados (...), ou os dias nos quais se celebram santos e aniversários de pessoas da realeza ou de grande posição, para (...) 'montar' uma comédia."[281] Explica esse autor que, como um divertimento que devia estar ao

---
[280]SOUZA, op. cit., p. 54.
[281]MARAVALL, op. cit., p. 366.

alcance da população para surtir os efeitos políticos esperados, a estrutura física dos teatros, apesar de refletir a hierarquização da sociedade, deveria garantir lugares para todos os estratos sociais, mantendo o teatro acessível à grande maioria.[282] Os preços dos ingressos e o grande concurso do povo compensavam o alto gasto da montagem de uma peça (e, às vezes, de todo um teatro):

> Definitivamente, não há maneira mais visível e forma de participação mais efetiva nos princípios sociais barrocos que as representações teatrais. Não há melhor maneira de ressaltar a grandeza, o brilho, o poder, e este já é um recurso de ação psicológica eficaz sobre a multidão.[283]

Apesar de sua utilização barroca, a estética das peças teatrais no início do século XIX já sofria a influência do neoclassicismo. Era recorrente o uso de divindades da Antiguidade greco-romana, alegorias (como o Gênio Tutelar, a Discórdia, a Fortuna, a Fama), a personificação de pátrias, virtudes e vícios que transportavam para um mundo metafísico acontecimentos da vida da Corte, como os casamentos, nascimentos, coroações. E mesmo os problemas de Estado e as guerras ensinavam que há uma ordem dos acontecimentos

---

[282] O que estava de acordo com o caráter massivo da cultura barroca, ressaltado pelo autor.
[283] MARAVALL, op. cit., p. 367.

que independem da vontade e dos desejos dos homens. Ao mesmo tempo que se criava uma versão oficial dos acontecimentos, evitando outras.

Um exemplo encontra-se no drama *O Himeneu*, representado naquele mesmo dia 13 de maio de 1818 em comemoração ao aniversário de D. João, sua Aclamação e, principalmente, ao casamento de D. Pedro e D. Leopoldina. Os seus personagens são o Himeneu, Jove, Juno, Lísia, Gênio Tutelar, Mercúrio, Íris, Cupido, Momo, Discórdia, Tempo, Netuno, Anfitrite, além de ninfas e gênios. Seu argumento resume-se a um concerto dos deuses para abençoar o casamento dos príncipes D. Pedro e D. Leopoldina, antecipando um futuro promissor para a real descendência dos Bourbon e Bragança. Em seu fecho, os próprios príncipes figuram como personagens mostrando, como afirma Jurandir Malerba, que era direta a extensão da vida ao teatro: "A peça é sobre o acontecimento, sobre o vivido. O palco é contíguo ao paço, à capela, ao trono. Espaço de reforço, de continuação."[284]

---

[284]MALERBA, J. *A Corte no exílio*, p. 109. Esse recurso era de há muito utilizado, podendo os monarcas serem representados por atores ou representarem a si próprios, pois, como diz Maravall: "De modo a acentuar esses efeitos diante de um público mais amplo, a própria realeza ou pessoas de alta estirpe participavam do teatro, não só pelo gosto de confundir ilusão e realidade, mas para atrair para a grandeza humana todas as possibilidades de admiração e captação que a arte podia propiciar." MARAVALL, op. cit., p. 374. Peter Burke se refere às representações teatrais nas quais Luís XIV participou como ator e dançarino. Cf. BURKE, op. cit., p. 56.

Ao final da representação da peça exibiu-se a pintura feita por Debret para a ocasião, fiel à estética neoclássica dominante naquela noite.[285] Nela estão representados os três acontecimentos celebrados naquela noite. Aparecem as figuras mitológicas presentes à peça representada (como o Himeneu, Netuno, Vênus, ninfas e gênios) e as representações dos reinos de Portugal, Algarves e Brasil. Enquanto D. João aparece representado fisicamente em seu uniforme real, os príncipes reais são representados por seus retratos e o seu casamento pelas suas iniciais entrelaçadas (figura 5).

Em substituição à presença física dos soberanos no palco, como aconteceu em *O Himeneu*, era comum em muitas peças a utilização do retrato dos soberanos como forma de representá-los. O retrato fazia parte do enredo, e aparecia de forma a enaltecer alguma característica do soberano que se pretendia ressaltar na ocasião da representação (bondade, afabilidade, magnanimidade). De acordo com Iara Lis, o retrato do soberano destacava-se nas peças sem agredir sua presença física no teatro. Antes, ligavam-se um ao outro, reforçando-se mutuamente. Por outro lado, era

---

[285] Talvez a única obra do pintor realizada no Brasil de caráter nitidamente neoclássico, se nos guiarmos pela argumentação de Rodrigo Naves. NAVES, R. "Debret, o neoclassicismo e a escravidão". In: *A forma difícil*, p. 41 a 129.

comum também a utilização do retrato do rei no camarote real, simbolizando sua presença, quando ele não podia comparecer pessoalmente à representação. Por ocasião da chegada ao Rio de Janeiro, a 18 de agosto de 1817, da notícia da realização, em Viena, do casamento de D. Pedro e D. Leopoldina, o ainda príncipe regente D. João decretou três dias de gala na Corte, que contaram com representações teatrais. Sobre a representação ocorrida na terceira noite, conta o padre Gonçalves dos Santos que:

> Já nas noites antecedentes tinha havido teatro de Corte, para o qual concorreu um grande número de espectadores, que com muito entusiasmo deu muitos vivas ao aparecer o real retrato de Sua Majestade; mas na noite deste último dia os vivas, e aplausos se duplicaram, apresentando-se ao público respeito com os retratos de El-Rei Nosso Senhor os retratos da Rainha Nossa Senhora, e do sereníssimo senhor Príncipe Real, primário objeto da pompa, e alegria daqueles festivos dias.[286]

Afirma Jurandir Malerba que esse recurso cênico de apresentar ao público o soberano por meio de seu retrato foi repetidamente utilizado no Rio de Janeiro,

---
[286] SANTOS, op. cit., tomo 2, p. 110.

não só dentro mas também fora do teatro.[287] Explica ainda que o teatro se tornou local de manifestações políticas e sociais na cidade, servindo como termômetro da popularidade do governo nos momentos decisivos da vida política. Como aconteceu por ocasião da chegada ao Rio de Janeiro da notícia do sufocamento da Revolução Pernambucana, em 14 de junho de 1817. Então, como narra o padre Gonçalves dos Santos,

> (...) tanto nessa noite, como nas duas seguintes, se desenvolveram no Real Teatro cenas bem tocantes, e com um entusiasmo difícil de se descrever: ao aparecer o real retrato, imediatamente era saudado por universais vivas à Sua Augustíssima Majestade, cantando os espectadores juntamente com os músicos o hino nacional.[288]

---

[287]MALERBA, op. cit., p. 111. Essa prática era amplamente difundida nas monarquias absolutistas. Explica Peter Burke que o retrato do rei *representava* o rei, no sentido de que *desempenhava o seu papel*, tomava o seu lugar. Era comum objetos inanimados representarem o rei: como as moedas (que traziam sua imagem e, por vezes, seu nome), seu brasão, seu emblema pessoal, seu leito, a mesa posta para a refeição e, principalmente, seu retrato. Diz esse autor que: "Dar as costas ao retrato era uma ofensa tão grave quanto dar as costas ao rei, entrar em seu quarto de dormir vazio sem fazer uma genuflexão ou conservar o chapéu na sala em que a mesa estava posta para o seu jantar." BURKE, op. cit., p. 20.
[288]SANTOS, op. cit., tomo 2, p. 100. Porém, o teatro servia para as mais variadas formas de reverência à monarquia não apenas nos momentos críticos como nas vitórias militares. Em todos os aniversários e dias festivos, dos nomes, batizados, casamentos dos membros da Família Real, era ali o lugar privilegiado onde se reiteravam os vínculos de fidelidade dinástica, tornando-se o centro da vida cortesã, como afirma Malerba (MALERBA, op. cit., p. 98).

O teatro consagrou-se como o divertimento por excelência do século XVII e das sociedades de Corte, atingindo, naquela época, seu maior desenvolvimento desde a Grécia Clássica. Na colônia portuguesa da América, porém, os primeiros teatros serão construídos apenas no século seguinte. No Rio de Janeiro, durante o século XVIII, chegaram a funcionar dois teatros, então chamados de Casas da Ópera. O termo "ópera" servia para designar qualquer representação teatral, e todos os teatros construídos em outras capitanias nessa mesma época receberam o mesmo nome.[289] Segundo pesquisa feita por Nireu Cavalcanti, as duas Casas da Ópera do Rio de Janeiro setecentista tinham o mesmo proprietário: o padre-bacharel Boaventura Dias Lopes.[290] O mais antigo desses dois teatros, a Ópera Velha, deve ter sido construído antes de 1748, por ser dessa data a mais antiga referência escrita a ela, e situava-se na rua do Marisco da Alfândega (atual rua da Alfândega). O outro teatro do padre Boaventura, a Ópera Nova, situava-se bem ao lado do Paço e atrás da Cadeia Velha, e seu funcionamento

---

[289] Segundo Emanuel Araújo, existiram no século XVIII Casas da Ópera também em Porto Alegre, São Paulo, Salvador, Recife, Diamantina e Vila Rica (cf. ARAÚJO, op. cit., p. 145). Esta última ainda está de pé, em excelente estado de conservação e aberta à visitação pública.
[290] CAVALCANTI, N. *O Rio de Janeiro setecentista*, p. 172/173.

remonta a 1758.[291] Cavalcanti não informa até quando funcionou a Ópera Velha, mas Emanuel Araújo afirma que uma Casa da Ópera foi destruída por um incêndio em 1769 no Rio de Janeiro.[292] Se esse incêndio realmente ocorreu, a Ópera destruída foi, com certeza, a Velha, pois sabemos que a Nova ainda estava em funcionamento quando por aqui aportou D. João, e continuou em atividade até 1813, quando foi inaugurado o Real Teatro São João.

Como afirma Emanuel Araújo, tudo leva a crer que na colônia se apreciava bastante a arte teatral. Mas o desenvolvimento do teatro no Rio de Janeiro deve seu maior impulso à instalação aqui da Corte portuguesa.[293] Em 1810, o governo considerou absolutamente necessário que se erigisse no Rio de Janeiro um teatro proporcional à população aumentada com a vinda da Corte e a chegada de estrangeiros, e digno da presença do soberano. É interessante observar como tais justificativas aparecem no decreto de 28 de maio de 1810, em que D. João delibera pela criação do novo teatro,

---

[291]Também segundo documento consultado por Nireu Cavalcanti. Cf. CAVALCANTI, op. cit., p. 174.
[292]O autor não informa a fonte de onde tirou essa informação. Cf. ARAÚJO, op. cit., p. 145.
[293]Nos informa Malerba que com a Corte chegaram à colônia os primeiros artistas europeus. Já em 1809 deles se tem notícia, não se interrompendo até o fim da permanência de D. João o afluxo constante de atores, músicos e cantores. MALERBA, op. cit., p. 94.

em um texto em que se tornam claros os valores simbólico e político da nova casa de espetáculos:

> Fazendo-se absolutamente necessário nesta Capital que se erija *um teatro decente, e proporcionado à população e ao maior grau de elevação e grandeza em que hoje se acha pela minha residência nela*, e pela concorrência de estrangeiros e outras pessoas que vêm das extensas Províncias de todos os meus Estados, fui servido encarregar o doutor Paulo Fernandes Vianna, do meu conselho e intendente de Polícia, do cuidado e diligência de promover todos os meios para ele se erigir.[294] [grifos meus]

Dessa forma, o Real Teatro São João foi construído a partir de uma sociedade por ações constituída pelos homens de negócios do Rio de Janeiro, em terreno doado por Fernando José de Almeida, tomando como modelo o Real Teatro São Carlos de Lisboa que, por sua vez, era já uma cópia do Teatro São Carlos de Nápoles.[295] Seguindo a mentalidade da sociedade de

---

[294]Apud, FREIRE, V. L. B. "A música no tempo de D. João". In: *Anais do Seminário Internacional D. João VI: Um rei aclamado na América*, p. 231.

[295]Já explorei, no capítulo anterior, o simbolismo da localização espacial desse teatro na cidade (ver p. 133). A respeito da localização dos três teatros no Rio de Janeiro, Nireu Cavalcanti faz uma interessante observação, afirmando que as casas de espetáculo, a princípio situadas próximas ao muro da cidade, foram se deslocando em direção ao seu centro político, o Largo do Paço, na mesma medida em que crescia sua importância como veículo de cultura e, eu acrescentaria em particular para o período joanino, como mecanismo de reprodução do poder monárquico. Cf. CAVALCANTI, op. cit., p. 178.

Corte, o novo teatro construído no Rio de Janeiro reproduzia, na organização do seu espaço interno, a hierarquização da sociedade de Antigo Regime. Nos informa Maria Beatriz Nizza da Silva que "o Real Teatro acomodava na platéia 1.020 pessoas, tendo ainda 112 camarotes divididos em quatro ordens".[296] Enquanto a Família Real e demais nobres ocupavam os camarotes, as demais pessoas sem distinção se instalavam na platéia. Informa ainda Nizza da Silva que os festejos públicos e espetáculos teatrais não esgotavam as possibilidades de divertimento que se ofereciam à sociedade do Rio de Janeiro. Tendo os divertimentos públicos se diversificado muito durante o período joanino.[297] Mas a ida à ópera, como ressalta Vanda Freire, era um divertimento ligado às elites e ao poder, pelo signo de Civilização que carregava: "E não é, portanto, por mero acaso que o movimento operístico no Rio de Janeiro consolida-se e expande-se após a instalação da Corte na cidade",[298]

---

[296]SILVA, op. cit., p. 75. Já Vanda L. B. Freire fala que a capacidade do teatro era de 1.220 pessoas. Cf. FREIRE, op. cit., p. 230.
[297]Entre os quais, a autora cita os banhos de mar, as corridas de cavalos na praia de Botafogo e as corridas de touros e outros espetáculos promovidas por particulares na praça do Curro do Campo de Santana. SILVA, op. cit., p. 76.
[298]FREIRE, op. cit., p. 230.

tornando-se o teatro o principal espaço de sociabilidade da Corte.

Oliveira Lima afirma que o teatro, por essa época, passou cada vez mais a ser o ponto por excelência de reunião social: "sob pretexto de um passatempo intelectual, se estabeleceu um ponto de reunião mundana acessível a muita gente."[299] A presença do soberano no teatro transformou-o numa extensão da Corte, e aos espetáculos teatrais em mais uma ocasião de circulação social na Corte. Onde os nobres podiam tanto ser vistos como ver o soberano, medir suas respectivas hierarquias e cavar seu espaço em meio à Corte e em direção às benesses reais. A disseminação do teatro e de outras ocasiões sociais acabou por contribuir para a mudança de hábitos comuns à sociedade colonial, e tidos pelos europeus contemporâneos como *pouco civilizados* ou *orientais,* o que queria dizer quase a mesma coisa. Entre os quais, a tão citada reclusão feminina.

Muitos estrangeiros que passaram pelo Rio de Janeiro no início do século XIX aludiram ao modo de vida das mulheres, que se recolhiam a maior parte do tempo na própria casa. O comerciante inglês John

---

[299]LIMA, O. *D. João VI no Brasil*, p. 143.

Luccock, assim como outros estrangeiros, espantou-se com a ausência da mulher no espaço público da cidade: "é preciso que se lembre que as mulheres das classes altas e médias, e especialmente as mais moças, vivem muito mais reclusas que em nossa própria terra".[300] Segundo ele, as mulheres saíam de casa apenas para cumprir os ritos religiosos.[301] E mesmo nessas ocasiões deveriam observar determinadas regras, como o fazer-se acompanhar sempre por um criado ou criada ou por parentes do sexo masculino.

Passariam, dessa forma, a maior parte do tempo em casa, ocupando-se com capitanear a criadagem na execução das tarefas domésticas e com a educação dos filhos. O exercício físico praticado por elas se reduziria ao caseiro, *diminuto e contrariado ainda por inclinação natural* e pelo privilégio de contar com os braços das escravas domésticas para servi-las, como diz Luccock. Do que decorria, necessariamente, certa decadência corporal precoce,[302] assim como

---

[300] LUCCOCK, op. cit., p. 75.

[301] "Raramente se viam fora de casa, salvo ao irem para a missa, muito cedo, pelas quatro da manhã, nos dias santos ou dias de obrigatoriedade devocional." Ibid., p. 76.

[302] "O fato é que, aos dezoito [anos], uma dama brasileira já atingiu sua plena maturidade. Poucos anos após, já ela se torna corpulenta e mesmo pesadona, adquire uma sensível corcova e um andar desajeitado e vacilante. (...) as faces perdem seu viço e seu rosado e, aos vinte e cinco anos, trinta, no máximo, já se tornaram perfeitas velhas enrugadas." Ibid., p. 76.

certo desleixo no vestir-se, e sua característica falta de instrução e educação.[303] O inglês narra uma cena que diz ter presenciado:

> Achava-se uma dama sentada sobre uma esteira (numa manhã em que a fui visitar), cercada de muitas escravas ocupadas em trabalhos de agulha; junto dela e ao alcance de sua mão estava pousado um cangirão d'água. Em certo momento, interrompeu a conversa para gritar por uma outra escrava que estava em local diferente da casa. Quando a negra entrou no quarto, a senhora lhe disse: "Dê-me o cangirão." Assim o fez ela, sua senhora bebeu e devolveu-lho; a escrava recolocou o vaso onde estava e retirou-se sem que parecesse ter dado pela estranheza da ordem, estando talvez a repetir o que já fizera milhares de vezes antes.[304]

---

[303] Mas, para Luccock, elas eram antes *mantidas em estado de ignorância* do que ignorantes por vontade própria (ou falta de). Estranhamente, o inglês parece concordar tacitamente com a justificativa para que não se ensinasse as mulheres a ler: "O pouco contato que os costumes com elas permitem (...) põem a nu a sua falta de educação e instrução. Isto, aliás, fazia parte do sistema declarado; estava assentado que o saber ler para elas não devia ir além do livro de rezas, pois que isso lhes seria inútil, nem tãopouco se desejava que escrevessem a-fim-de [sic] que não fizessem, *como sabiamente se observava*, um mau uso dessa arte." Ibid., p. 75 [grifos meus].
[304] Ibid., p. 77.

Também Debret considerou digna de ser gravada em tela a cena da privacidade da mulher no Rio de Janeiro joanino (figura 6). Na descrição da sua pintura, quase uma reprodução pictórica da história narrada por Luccock:

> Bem perto dela, e ao seu alcance, acha-se o gongá (cesto) para roupa branca; entreaberto, deixa ver a extremidade do chicote, inteiramente de couro, com o qual os senhores ameaçam os seus escravos a todo instante. (...) A criada de quarto, negra, trabalha sentada no chão aos pés da senhora; (...) À direita, outra escrava, (...) sentada um pouco além de sua senhora, ocupa-se igualmente com trabalhos de agulha. Avança do mesmo lado um moleque, com um enorme copo de água, bebida freqüentemente solicitada durante o dia para acalmar a sede que o abuso dos alimentos apimentados ou das compotas açucaradas provoca.[305]

Na descrição de Debret, não faltam referências também aos hábitos *orientalizados* dos colonos, estranhos aos europeus,[306] à sua falta de educação formal

---
[305] Ibid., p. 128/129.
[306] "Vemo-la sentada, como de costume, na sua marquesa (espécie de cama de forma etrusca, feita de jacarandá, cujo leito é constituído por um couro de boi bem esticado) que de dia serve de canapé muito fresco, e cômodo num país quente, para ficar longamente sentada de pernas cruzadas, à maneira asiática." Ibid., p. 128.

(que também em Debret, como em Luccock, não é culpa de um desleixo pessoal, mas algo imposto pela sociedade),[307] assim como a ostensiva presença de escravos para lhe servir, e dos instrumentos de castigo utilizados para manter a ordem doméstica.

Os hábitos das mulheres da cidade pareciam a Luccock contrários a tudo que se considerava *civilizado* ou *cultivado* e, portanto, apropriado a senhoras:

> Suas maneiras são o oposto de qualquer coisa de grácil: duras, impetuosas, soberbas. Falam com fluência, mas em geral em tom alto e agudo. (...) Não parecem ter a mínima idéia de que os modos delas possam provocar repulsa ou, mesmo, que possam deixar de ser objetos de admiração. (...) Maneiras tais podem ser atraentes para os seus conterrâneos, mas a influência delas não se pode estender além.[308]

---

[307] "O sistema dos governadores europeus, tendendo a manter nas colônias portuguesas a população brasileira privada de educação e isolada na escravidão dos hábitos rotineiros, mantivera a educação das mulheres dentro dos limites dos cuidados do lar; por isso, quando de nossa chegada ao Rio de Janeiro, a timidez, resultante da falta de educação, levara as mulheres a temerem as reuniões mais ou menos numerosas e, mais ainda, qualquer espécie de comunicação com estrangeiros." Ibid., loc. cit.

[308] Ibid., p. 76. Outro aspecto do comportamento dos habitantes do Rio de Janeiro que pareceu estranho aos padrões de civilização dos estrangeiros foi seu comportamento à mesa, observado por Luccock (LUCCOCK, op. cit., p. 81 a 84) e retratado por Debret (DEBRET, op. cit., vol. 2, prancha 7, p. 137 a 140).

Não por acaso, Luccock sugere que a mulher *mais civilizada* (e também a de melhor aparência) que conheceu no Brasil, a abadessa do Convento da Ajuda, uma dama bela e imponente, de cerca de 55 anos, parecia ser de origem européia.[309] Da mesma forma, a destoar do ambiente rude e bárbaro que o inglês enxerga no Rio de Janeiro, apenas mais uma mulher, também européia: D. Leopoldina. Oriunda de uma Corte que então figurava como centro da Civilização e bastião da sociedade de Corte, seus principais predicados, sempre lembrados pela historiografia, eram sua cultura e ilustração: "Ficou viva entre nós a tradição da extraordinária doçura da imperatriz Leopoldina: sua inteligência e instrução constam das memórias do tempo."[310] Afeiçoada ao estudo de ciências, línguas e artes, ela teria, segundo Luiz Norton, ajudado a *civilizar* a Corte de D. João e de D. Pedro,[311] podendo ser tomada como símbolo dessa nova sociabi-

---

[309]"(...) suas maneiras gentis e afáveis, muito mais que as de qualquer outra dama que eu tenha visto no Brasil. Consta que ela é nascida em França e de linhagem nobre. Queríamos comprar doces, assunto em que a casa é famosa, e ela tomou pessoalmente a encomenda; e foi assim que tivemos o prazer de conversar com uma senhora de tão alta qualidade." Ibid., p. 46/47.
[310]LIMA, op. cit., p. 539.
[311]"Era uma mulher de espírito, calma, dedicada às boas letras e às belas-artes; interessava-se vivamente pelas ciências naturais, tinha curiosidades científicas, lia Sismondi, coleccionava [*sic*] animais e plantas, conhecia perfeitamente a Mineralogia, a Zoologia e a Geometria descritiva. Na Corte de Viena levara uma vida recolhida de Princesa estudiosa." NORTON, L. *A Corte de Portugal no Brasil*, p. 68/69.

lidade de Corte e encarnação da Civilização que se pretende difundir: "D. Leopoldina trouxe para o Brasil (...) o gosto pelos livros, pelo estudo metódico, pela boa cultura literária e científica, assim como foi animadora constante de todas as manifestações artísticas."[312]

A respeito da clausura em que viveriam as mulheres na sociedade ibérica e, por tabela, também na colônia, deve-se ressaltar que Maria Beatriz Nizza da Silva se esforça por desfazer essa imagem. Diz essa autora que, além de saírem aos domingos para ir à igreja, as mulheres apareciam em público na Corte, ou nos espetáculos teatrais:

> Embora a maior parte dos viajantes estrangeiros comentasse a reclusão em que viviam as mulheres não tomando parte nas formas de sociabilidade masculina, o facto é que a documentação, incluindo mesmo os relatos de viagem, revela-nos mulheres activas participando não só da sociabilidade religiosa que lhes era habitual, mas também de uma sociabilidade resultante de alguma forma de trabalho.[313]

---

[312]Ibid., p. 70.
[313]Ressalta essa autora, porém, que isso ocorria entre as mulheres brancas principalmente quando eram viúvas ou tinham que substituir seus maridos ausentes. SILVA, M. B. N. da. *Vida privada e quotidiano no Brasil na época de D. Maria e D. João VI*, p. 273.

Enquanto nas camadas populares isso ocorria independentemente do estado civil. Também Leila Mezan Algranti nota mudanças na sociabilidade feminina na virada do século XVIII para o XIX. Ela afirma que nos maiores centros urbanos, como o Rio de Janeiro, Recife ou Salvador, as mulheres "passam a conversar com os homens ou em pequenas rodas entre si, freqüentam o teatro e a ópera e participam mais ativamente da vida social".[314] É importante ressalvar ainda, como faz Malerba, que a imagem da mulher branca enclausurada no interior das residências feito odaliscas compõe uma representação corrente no imaginário dos viajantes não ibéricos: "Odaliscas, como tais se vestiam: corpetes de veludo muito decotados, lenços de seda que deixavam o busto livre, compridas calças de gaze ou tafetá, à turca, metidas em chinelas."[315]

Oliveira Lima afirma que "da pompa do culto derivou-se um efeito salutar sobre os hábitos domésticos, mais se relaxando a reclusão femini-

---

[314] ALGRANTI, L. M. "Famílias e vida doméstica". In: *Cotidiano e vida na América portuguesa — História da vida privada no Brasil*, vol. 1, p. 117.
[315] CHANTAL, s/d, p. 103-11. Apud, MALERBA, op. cit., p. 151.

na".³¹⁶ Segundo esse autor, atraídas pela grandeza das cerimônias, as mulheres passaram a freqüentar ainda com maior assiduidade as igrejas e, por conseqüência, a comparecer nos divertimentos profanos que constituíam o acompanhamento usual das festas sacras. Explica ele como a diversificação e multiplicação das ocasiões de socialização pública contribuiu para modificar os hábitos *pouco civilizados* dos habitantes do Rio de Janeiro: "Com o amiudarem-se as saídas, desenvolveu-se o gosto pelo vestuário, surgiu com ele a preocupação da moda, e o convívio geral."³¹⁷ O desenvolvimento do teatro, ao mesmo tempo que difundia a presença pública das mulheres, servia para *corrigir*, por meio de críticas e exemplos, o comportamento dos colonos: "Os camarotes eram em boa parte ocupados por senhoras da terra, e até lucrou o bom gosto público com a livre crítica no palco dos costumes e vezos nacionais."³¹⁸

Porém, como afirma Maria Beatriz Nizza da Silva, "a um espaço diferente correspondia também um

---
[316] LIMA, op. cit., p. 143.
[317] Ibid., loc. cit.
[318] Ibid., loc. cit.

comportamento diferente".[319] Ou, pelo menos, deveria corresponder. Se na intimidade do lar o comportamento dos colonos do Rio de Janeiro parecia sugerir uma outra sociabilidade (uma outra cidade), vinda dos tempos coloniais e que se tornara, então, inadequada, no espaço público, tampouco, seu comportamento se conformava completamente ao *teatro da Corte*. Um passeio pela documentação da Intendência de Polícia referente ao policiamento dos teatros da Corte (primeiramente da Casa da Ópera do Largo do Paço e depois do Real Teatro São João) nos permite perceber que a adaptação do comportamento dos colonos ao que deles era exigido pela *sociabilidade de Corte* não se fazia de maneira natural e sem conflitos, sendo os freqüentadores do teatro muitas vezes criticados e repreendidos pelo barulho e *pateadas* que faziam durante as representações.

Cabia à Intendência de Polícia a organização das festividades ocorridas na Corte, incluindo a captação de recursos junto aos nobres e homens de negócio da cidade para sua realização, além de cuidar do policiamento dos locais de espetáculo como a praça do Curro

---

[319]SILVA, M. B. N. *Vida privada e quotidiano no Brasil na época de D. Maria e D. João VI*, p. 272.

do Campo de Santana e o teatro.[320] Pela leitura da documentação, o policiamento do teatro aparece como objeto de particular atenção por parte do intendente. Já em ofício datado de 15 de maio de 1809, enviado ao juiz do Crime da freguesia de São José, Luís Joaquim Duque Estrada, a quem cabia a inspeção da Casa da Ópera do Largo do Paço, Vianna tenta prevenir (ou, nesse caso, remediar) tumultos que ocorriam durante as representações:

> Estando a seu cargo a inspeção do Teatro junto ao Paço tem me sido muito desagradável saber e mesmo presenciar o mau comportamento que nele houve no dia dos anos de S.A.R. antes de principiar a ópera e quando ainda V.M.ce não havia chegado. E pelas indagações que tenho feito, procedeu tudo de ver o povo ali, em um dos camarotes, uma parda que é criada do desembargador

---

[320] Como bom súdito e cortesão que era, o intendente Paulo Fernandes Vianna tinha perfeita consciência da importância desses festejos públicos para a monarquia e do papel que cabia à polícia na sua organização e realização, como se percebe de uma sua declaração, citada por Maria Beatriz Nizza da Silva. Dizia Vianna que "era um dever da polícia entrar nestes objetos, não só pela utilidade que se tira em trazer o povo alegre e entretido, como promovendo ao mesmo tempo o amor e respeito dos vassalos para com o soberano e sua real dinastia". *Revista do Instituto Histórico e Geográfico Brasileiro*, tomo 55, parte 1, p. 379. Apud SILVA, *Vida privada e quotidiano no Brasil na época de D. Maria e D. João VI*, p. 274.

Francisco Baptista Rodriguez que tem sido a muito o alvo do escândalo de todos os que a vêem ali aparecer, contra a Polícia que se deve guardar no Teatro, e contra a decência mesmo.[321]

A simples presença de uma escrava dentro do teatro era motivo de escândalo entre os espectadores e causa de tumulto. Adverte Vianna a Duque Estrada que a *parda* em questão devia ser proibida de comparecer ao teatro, sob pena de ser presa na cadeia pública, e aproveita para passar-lhe uma reprimenda e exigir um policiamento mais rigoroso no principal espaço de sociabilidade da Corte:

> Tenho mais de lhe recomendar que nos dias de concurso será preciso apresentar-se no seu camarote muito antes de principiar a Ópera para providenciar todo o motim que ali se possa fazer sem permitir assobios, gritos, pateadas e outros comportamentos e modos incivis que o povo pratica quando perde o respeito às autoridades constituídas, e que de longe importa ir coibindo debaixo do auxílio da Guarda Militar que ali está.[322]

---

[321] Arquivo Nacional. Polícia da Corte. Códice 323, vol. 1, f. 53v.
[322] Ibid. A presença indesejada de escravos no teatro aparece, pelo menos, mais uma vez na documentação consultada. Em 5 de julho de 1814, João Crioulo, escravo de José Coelho, foi preso "por ser encontrado dentro de um camarote do Real Teatro de São João, fechado por dentro, e fazer-se suspeitoso". Arquivo Nacional. Polícia da Corte. Códice 403, vol. 1, sem numeração de folhas.

Algumas vezes, o motivo da desordem podia ser *menos grave* do que a presença de uma escrava nos camarotes. Como no caso do ofício de 11 de junho de 1812, que, apesar de nos parecer muito barulho por nada, certamente atentava contra o comportamento que se deveria praticar no teatro:

> Fico inteirado do caso da prisão dos dois soldados que levantaram vozes no teatro por entrar um homem no camarote com chapéu na cabeça. Estimei muito que V.M. procedesse como procedeu, e de novo lhe recomendo toda a diligência em conservar a Polícia do Teatro que, tinha ouvido, se já ia perdendo. Não há passar pela mais pequena perturbação.[323]

Com a intenção de tentar melhorar o policiamento do teatro, adotou-se a prática de estabelecer-se um rodízio mensal entre autoridades para sua inspeção. É possível perceber perfeitamente a dinâmica deste rodízio em ofícios datados de 1821, expedidos pelo então intendente de Polícia Antônio Luiz Pereira da Cunha. No primeiro, de 30 de julho, informa Pereira da Cunha ao juiz do Crime do bairro da Candelária, José Clemente Pereira, que "fica V.M., como juiz do

---
[323] Arquivo Nacional. Polícia da Corte. Códice 329, vol. 1, f. 181.

Crime do bairro da Candelária, encarregado da inspeção do Teatro pelo mês de agosto, visto que está findo o prazo para esse fim consignado ao juiz do Crime do bairro de S. José".[324]

Um mês depois, a inspeção passava ao juiz do Crime do bairro de Santa Rita, Luiz de Souza Vasconcellos, segundo ofício de Pereira da Cunha datado de 7 de setembro de 1821: "Fica V.M. encarregado da inspeção do teatro por este mês de setembro, visto ter findado o prazo para esse fim consignado ao juiz do Crime do bairro da Candelária."[325] No mês seguinte, a autoridade incumbida da inspeção foi o ouvidor da Comarca, como se pode ver em ofício de 3 de outubro ao juiz que deixava o cargo: "Por se achar findo o prazo consignado a V.M. para a inspeção do Teatro, foi esta cometida [sic] ao ouvidor da Comarca, o que participo a V.M. para sua inteligência."[326] O estabelecimento desse rodízio pode servir como indício da importância que se atribuía à inspeção do teatro.

---

[324] Arquivo Nacional. Polícia da Corte. Códice 330, vol. 3, sem numeração de folhas.
[325] Arquivo Nacional. Polícia da Corte. Códice 330, vol. 2, sem numeração de folhas.
[326] Ibid.

Outras vezes, as desordens ocorridas no teatro pelo comportamento inadequado da platéia iam além dos assobios e *pateadas*, assumindo um aspecto mais grave, como, por exemplo, quando se atiravam objetos nos artistas que representavam, como informam os dois ofícios seguintes. O primeiro, de 1809, é sobre um acontecimento ocorrido na Casa da Ópera:

> Tendo chegado a minha notícia que na noite da Ópera do dia último das Luminárias não se acabara a récita por atirarem da platéia uma pedrada no cômico Manoel Alvarez, e sendo este um procedimento que pela primeira vez se praticou nesta Corte; deveria V. M.^ce ter-me logo dado parte dele, o que não o fez. Pois que não deve ficar assim impune um fato que não falta quem o atribua à frouxidão da Inspeção, e ainda mesmo à falta de assistência dela. Devendo-se dar a cerca disto uma demonstração que conste, e seja capaz de reprimir a liberdade que se vão arrogando de não se respeitar o público em um Teatro, que até para ser mais respeitado basta existir na vizinhança do Paço.[327]

Para reprimir tal comportamento, até então inédito segundo Vianna, o intendente recomendava ao juiz

---
[327] Arquivo Nacional. Polícia da Corte. Códice 323, vol. 1, f. 81.

do Crime responsável pela inspeção do teatro que praticasse uma punição exemplar:

> É muito preciso não mostrar frouxidão alguma nesta inspeção, e por isso se faz indispensável que tendo oficiais, e mesmo espias comprados e a quem dê prêmios misturados na platéia faça um exemplo público de prender ali mesmo quem quer que seja que fizer gritaria, pateada ou qualquer outra ação que ali não deva praticar.[328]

Mas o segundo ofício, de 1814, sobre o acontecimento ocorrido já no Real Teatro São João, mostra que a correção dos hábitos não era tarefa fácil, apesar de toda a diligência da polícia:

> Rosa Fiorine, primeira-dama bufa do Real Teatro de São João, (...) na noite de 2 do corrente foi, no mesmo teatro, insultada com um lenço que se lhe atirou à cara cheio de pedras e moedas de cobre. Deve V.M., quanto antes, examinar este caso até por um sumário de testemunhas, e averiguar quem fez semelhante insulto, para me dar uma circunstanciada parte de tudo quanto puder alcançar a este respeito.[329]

---

[328] Ibid.
[329] Arquivo Nacional. Polícia da Corte. Códice 329, vol. 2, f. 207v.

Em todos os casos, o intendente de Polícia recomendava uma punição rigorosa, como se pode ver no ofício datado de 10 de fevereiro de 1814: "Ambos os sujeitos que V.M. me indicou como principais motores das desordens do teatro sejam presos e imediatamente postos na Fortaleza da Laje."[330] O que, apesar de tudo, não era suficiente para coibir esse tipo de comportamento. Motivo de queixa de outro ofício de Vianna, datado já do ano de 1818, onde o intendente parece, enfim, estar perdendo a paciência:

> Enquanto durar com V.M. a inspeção do Teatro, terá uma devassa aberta em que perguntará sobre todas as pessoas que deitam da platéia e camarotes dinheiro aos cômicos e dão muxoxos e assobios (...), por ser mania que agora grassa, perturbando o sossego com que devem assistir aos espetáculos. E todos aqueles sobre que houver prova, V.M. os pronunciará logo e os fará prender à minha ordem, e me dará parte, indo continuando sucessivamente na devassa, e progredindo na mesma sempre que a Inspeção tornar a seu poder, de modo que a devassa esteja aberta todo o ano, no fim do qual a mandará para esta Intendência. Não importa, antes cumpre mesmo à justiça, que esta diligência se faça pública, para que

---
[330] Ibid., f. 153v.

cessem os males que se querem antes evitar do que punir, ficando V.M. na inteligência que logo que por si mesmo ou pelos seus oficiais vir e souber no teatro quem é o que isto faz, o deve fazer do mesmo modo prender, ainda que não esteja esse sujeito incluído na devassa, porque ela só se tira para se saber quem são, e compreende os que V.M. souber e tiver certeza, ainda que não seja por meio dela. É preciso por todos os meios desarraigar do Teatro este gênero de perturbação que reflete sobre a boa polícia com que se deve manter, ficando em pé todas as outras providências que a este respeito se tem dado.[331]

Além do comportamento inadequado, a polícia tinha que se preocupar também com os casos de roubos e furtos que ocorriam nas dependências do teatro. A julgar pelo rigor com que se tratava a presença de uma escrava nos camarotes, deve-se acreditar que tais roubos e furtos eram cometidos por aqueles cuja presença na platéia não causava estranheza ou, o que é mais grave, por quem estava responsável por zelar pela segurança do estabelecimento. Como no caso do ofício de 16 de janeiro de 1815, expedido ao juiz do Crime do bairro de Santa Rita, João Muniz Penna, então encarregado da inspeção do Teatro São João:

---

[331] Arquivo Nacional. Polícia da Corte. Códice 329, vol. 4, f. 89, v/90.

Por ofício de 14 do corrente encarreguei a V.M. o processo pelo furto na sala do Real Teatro de São João, e que ouvisse ao Administrador, o Coronel Fernando José de Almeida, e ao Guarda para dar os sinais dos que entraram mascarados. E porque consta agora, pela cópia da parte que inclusa remeto, ser o furto feito pelo dito Guarda, que já se acha preso na Cadeia do Aljube, com ele pode V.M. continuar o processo indagando quem mais foi entrado neste furto, para todos serem punidos.[332]

Até o fim do período joanino a polícia ainda não tinha conseguido coibir os furtos no Teatro São João, que não poupavam nem mesmo os maiores figurões do então nascente Império do Brasil. Como mostra o ofício do intendente de polícia João Ignácio da Cunha ao juiz do Crime do bairro de São José, datado de 26 de setembro de 1822:

> Na cadeia do Aljube está preso Manoel do Rosário pelo furto que fez de várias peças pertencentes ao Ex.mo Ministro de Estado dos Negócios do Reino, José Bonifácio de Andrada e Silva. E consta também que é costumado a gatunices dentro do Teatro de São João. V.M. proceda contra ele a um sumário de polícia para averiguar a vida

---

[332] Arquivo Nacional. Polícia da Corte. Códice 329, vol. 2, f. 250.

e costumes deste homem, qual é o seu emprego e, ao mesmo tempo, onde existem as peças furtadas, para se arrecadarem.[333]

Apesar de todas as mudanças que a instalação da Corte joanina traz à sociabilidade dos habitantes do Rio de Janeiro, é necessário ressaltar os limites desse *processo civilizador*. Por um lado, como procurei demonstrar pela análise da documentação a respeito da inspeção dos teatros, o comportamento adequado aos espaços *civilizados* da Corte nunca chegou a ser, durante esse período, interiorizado pela totalidade dos colonos.[334] Por outro lado, o espaço público da cidade continuou sendo o espaço de expressão de outra forma de sociabilidade, que permaneceu alheia a esse processo civilizador emanado da Corte, e que se exemplificava, principalmente, pelo grande contingente de escravos e homens livres e pobres que nele circulavam. E se a *Corte* pode ser abordada como um teatro, a *cidade*

---

[333] Arquivo Nacional. Polícia da Corte. Códice 330, vol. 1, sem numeração de página.
[334] Sérgio Buarque de Holanda sugere que a transformação dos hábitos e comportamentos dos moradores do Rio de Janeiro, sob a influência da difusão dos novos hábitos europeus, não ocorreu de forma completa nem imediata, acentuando-se principalmente a partir de 1827. Cf. SILVA, M. B. N. *Cultura e sociedade no Rio de Janeiro (1808-1821)*, p. XIV.

está sempre à espreita nos bastidores, pronta para roubar a cena. Nas palavras de André Azevedo:

> O Rio de Janeiro continuava uma cidade escravista e, como tal, era comum no seu dia-a-dia cenas de escravos ao ganho ocupando as ruas com suas atividades; negros forros descalços e sem camisa buscando a sua sobrevivência no centro, além de uma massa de homens livres pobres, para os quais a civilização passava ao largo.[335]

---

[335] AZEVEDO, A. N. "A capitalidade do Rio de Janeiro: Um exercício de reflexão histórica". In: AZEVEDO, A. N. (org.). *Rio de Janeiro: Capital e capitalidade*, p. 61.

A Cidade dos *Colonizados*

Voltemos, uma vez mais, ao Largo do Paço. É fim de tarde de um dia qualquer. Por volta das quatro horas pequenos e grandes comerciantes, capitães de navio e outros senhores começam a chegar à principal praça da cidade. Sentam-se no parapeito do cais, onde ficam tomando ar fresco em alegre conversação até a hora da Ave-Maria (entre seis e sete horas da noite). Alguns chamam um dos muitos negros e negras vendedores de doces que por ali circulam para comprar-lhe um sonho ou apenas para, usando de artifícios, beber-lhe a água da moringa que carregam. Às vezes, a cena é interrompida pelo barulho de uma coluna de negros robustos que carregam os móveis e a carruagem desmontada de um senhor de partida para Portugal, embalados por um refrão que dita o ritmo da marcha. Outros negros também circulam pelo Largo do Paço, carregando jarros d'água ou vendendo os mais variados produtos.

A descrição dessa cena é baseada em pranchas de Debret, como *Os refrescos do Largo do Palácio* (figura 7) e *Carruagens e móveis prontos para embarque* (figura 8), que registrou a ostensiva presença do negro no espaço urbano do Rio de Janeiro no início do século XIX: "Percorrendo as ruas, fica-se espantado com a quantidade prodigiosa de negros, perambulando seminus e que executam os trabalhos mais penosos e que servem de carregadores."[336] Essa presença não deixou de ser notada por outros estrangeiros que também passaram pela cidade nessa mesma época. Como Luccock, para quem a presença negra assemelhava o Rio de Janeiro a uma cidade qualquer da África:

> Antes das dez da manhã, quando o sol começava a subir alto e as sombras das casas se encurtavam, os homens brancos se faziam raros pelas ruas e viam-se então os escravos madraceando à vontade, ou sentados à soleira das portas, fiando, fazendo meias ou tecendo uma espécie de erva, com que fabricavam cestos e chapéus. Outros, entre os quais provavelmente havia alguns pretos forros, prosseguiam nos seus trabalhos de entregadores, saíam a recados ou levavam à venda, sobre

---

[336] DEBRET, J. B. *Viagem histórica e pitoresca ao Brasil*, vol. 2, p. 91.

pequenos taboleiros [sic], frutas, doces, armarinhos, algodõezinhos estampados e uns poucos outros gêneros. Todos eles eram pretos, tanto homens como mulheres, e um estrangeiro que acontecesse de atravessar a cidade pelo meio do dia quase que poderia supor-se transplantado para o coração da África."[337]

O que, a princípio, pode parecer um exagero da parte de Luccock, pode ser compreendido se atentarmos para o fato, ressaltado por Mary Karasch, que na primeira metade do século XIX a escravidão no Rio de Janeiro estava no seu auge. Afirma essa autora que nem antes de 1808, nem depois de 1850, os escravos dominaram de tal forma a vida da cidade. E a instalação da Corte portuguesa no Rio de Janeiro foi a principal responsável pelo aumento do tráfico negreiro a partir de 1808. Como informa Karasch: "Enquanto o declínio das minas de ouro nas Minas Gerais tinha diminuído a importação de escravos para talvez uma média de 10 mil por ano antes de 1808, a chegada da Corte imperial logo empurrou a média para cima de 20 mil."[338] O aumento da população branca aumen-

---
[337]LUCCOCK, J. *Notas sobre o Rio de Janeiro e partes meridionais do Brasil*, p. 74/75.
[338]KARASCH, M. C. *A vida dos escravos no Rio de Janeiro (1808-1850)*, p. 29.

tava a demanda por escravos para construir casas e edifícios públicos, assim como para trabalhar como criados domésticos. Dessa forma, segundo estimativa da autora, entre 1808 e 1850 o Rio de Janeiro teve a maior população escrava urbana das Américas.[339]

O aumento do tráfico era impulsionado pelo aumento do movimento comercial pelo qual passava a cidade, aliado à mentalidade escravista reinante na sociedade colonial, que desprezava toda forma de trabalho manual.[340] Dessa forma, a presença do

---

[339]Segundo José Luiz Werneck da Silva, em 1821 os escravos representavam cerca de 45% da população nas freguesias urbanas da cidade, sendo mais numerosos do que os brancos nas freguesias suburbanas (SILVA, J. L. W. da. "O crescimento da cidade do Rio de Janeiro: De cidade colonial à Corte imperial 1763-1831". In: NEDER, G.; NARO, N.; SILVA, J. L. W. da. *A polícia na Corte e no Distrito Federal*, p. 17). Segundo Gladys Sabina Ribeiro, entre 1808 e 1821 desembarcaram no Rio de Janeiro 253.760 escravos. RIBEIRO, G. S. "A cidade em branco e preto: Trabalhadores portugueses na Corte do Rio de Janeiro no início do século XIX". In: *Anais do Seminário Internacional D. João VI: Um rei aclamado na América*, p. 262.

[340]"A mentalidade escravista envilecia tanto o trabalho manual, que o homem livre se sentiria humilhado e desprezado se fosse visto na rua com o mais ínfimo pacote na mão. (...) Ter escravos representava um desejo de toda população, *não sendo apenas coisa de gente rica*. Todos os artesãos, sem exceção, tinham pelo menos um escravo. (...) E nessa ideologia reinante não ter pelo menos um escravo era prova de extrema mendicidade" [grifos meus]. SILVA, M. R. N. da. *Negro na rua: A nova face da escravidão*, p. 93.

negro no espaço urbano era, mais do que normal, vista como necessária. O espaço urbano da nova capital do Império português era tomado por escravos que tanto podiam exercer funções sem especialização como carregadores (identificados por levar sempre longas varas ou cestos com os quais carregavam as cargas), remadores e vendedores ambulantes; ou semi-especializadas, como barbeiros e cirurgiões. Como afirma Marilene Rosa: "O escravo torna-se mão-de-obra essencial na cidade que cresce. É o escravo oficial de aluguel ou não, é o escravo doméstico, é o escravo ao ganho — veículo que levava e trazia as riquezas, as pessoas, enfim a própria cidade."[341] Esses escravos dividiam as ruas com outros negros, escravos ou não, que carregavam água, faziam as compras para os seus senhores ou trabalhavam nas obras públicas.

Além da grande população negra que circulava no espaço urbano da cidade, havia também um contingente expressivo de ciganos, homens livres e pobres, mulatos ou mesmo brancos, que veio para a cidade no rastro da Corte portuguesa, como ressaltam Carlos E. Líbano e Gladys S. Ribeiro. Segundo essa autora:

---

[341] Ibid., p. 34.

Não transmigraram somente refugiados políticos e a nobreza portuguesa, fugidos das hostes napoleônicas. Igualmente outros europeus e portugueses pobres; camponeses e diferentes tipos de trabalhadores passaram a vir ganhar a vida no Brasil.[342]

A rua era o espaço de sociabilidade por excelência desse vasto contingente populacional, que Ilmar R. de Mattos identifica como os *colonizados*.[343] Nas ruas, praças e chafarizes, onde por vezes a aglomeração de pessoas gerava desordens, os escravos e homens livres e pobres trabalhavam e levavam sua vida. Como afirma Mary Karasch: "os escravos controlavam muitas ruas, praças e mercados, onde dominavam boa parte do comércio de rua. Eram áreas em que podiam reunir-se socialmente, bem como ganhar a vida."[344]

Mas existia também outro espaço de sociabilidade próprio dessa população. Eram as irmandades, única forma de organização negra legitimada pela sociedade dominante, como lembra Carlos Eugênio Líbano Soares.[345] E onde vamos encontrar, em uma analogia curiosa, outra sociedade de Corte, com seus

---

[342]RIBEIRO, op. cit., p. 261.
[343]MATTOS, I. R. de. *O tempo Saquarema*, p. 27.
[344]KARASCH, op. cit., p. 102.
[345]SOARES, C. E. L. *A capoeira escrava*, p. 169.

reis, rainhas, nobres e rituais, nas cerimônias de coroação do rei Congo. As igrejas das irmandades de negros e mestiços estavam localizadas, na sua maioria, próximas ao Largo do Rossio, onde realizavam suas festas públicas: *as Congadas*, que saíam várias vezes por ano com permissão da Câmara.

Dentre esses *colonizados*, os ciganos formavam um grupo à parte. Na sociedade colonial, de acordo com os costumes e leis transplantados da metrópole, eles estavam incluídos entre os *infames*. Categoria que compreendia também os judeus, os cristãos-novos e os mouros. Assim definidos por Vivaldo Coaracy: "cidadãos de terceira classe, casta ínfima, tolerados mas não incluídos na comunidade, com direitos castrados, proibidos de exercer cargos públicos e que só podiam residir em bairros determinados, em isolamento, como lázaros."[346] Aos ciganos que se tornavam sedentários designaram as autoridades para residência os *campos da cidade*.[347] Mas a proibição de exercer cargos públicos não deve ser levada ao pé da letra. Segundo informa o próprio Coaracy, eles exerce-

---

[346] COARACY, V. *Memórias da cidade do Rio de Janeiro*, p. 71.
[347] Já vimos como esses logradouros onde se estabeleceu a comunidade cigana no Rio de Janeiro acabaram por ser identificados com essa mesma comunidade, surgindo assim, na toponímica da cidade, o campo e a rua dos Ciganos. Ver p. 131.

ram diversos tipos de atividades, inclusive o ofício de meirinho (oficial de justiça), havendo também entre eles muitos ourives e comerciantes, o que, por vezes, podia garantir a alguns ciganos uma boa condição financeira e algum respeito pela comunidade. Apesar disso, acompanhava-os sempre a condição *infamante*, o que fazia com que fossem vistos como ladrões e trapaceiros nos negócios.[348] Uma passagem do romance de Manuel Antônio de Almeida, *Memórias de um sargento de milícias*, resume bem a visão que se tinha dos ciganos:

> Com os emigrados de Portugal veio também para o Brasil a praga dos ciganos. Gente ociosa e de poucos escrúpulos, ganharam eles aqui reputação bem merecida dos mais refinados velhacos: ninguém que tivesse juízo se metia com eles em negócios, porque tinha certeza de levar carolo.[349]

A circulação dessa população de *colonizados* não estava restrita a determinadas áreas da cidade. Ao contrá-

---

[348] E não apenas nos negócios. Havendo, entre a documentação da Intendência de Polícia consultada, casos de ciganos procurados por roubo de escravos e cavalos. Arquivo Nacional. Polícia da Corte. Códice 329, vol. 4, f. 43. Debret também registra a presença dos ciganos no Rio de Janeiro à época na sua prancha *Interior de uma residência de ciganos*. DEBRET, op. cit., vol. 2, prancha 24, p. 191 a 194 (figura 9).
[349] ALMEIDA, M. A. de. *Memórias de um sargento de milícias*, p. 52.

rio, em geral eles estavam mais próximos da *Corte* do que se gostaria, concentrando-se nas áreas de grande atividade comercial (a Alfândega, a rua Direita, o Largo do Paço). Intocados pelo processo civilizador do espaço do Rio de Janeiro deflagrado pela instalação da Corte de D. João, expressavam outra forma de sociabilidade existente nesse mesmo espaço. A sociabilidade da *Cidade*. Maculando com seus hábitos, sua aparência e seus sons o aspecto de capital européia que o projeto civilizacional da *Corte* pretendia imprimir à nova sede do Império português. Para a população branca da cidade, sua concentração e circulação deviam gerar apreensões, pelo seu potencial de desordem. O controle dessa circulação, na ausência de senhores e feitores, era feito pela Guarda Real de Polícia. A documentação da Intendência de Polícia nos permite apreciar o quanto de fundamento e o quanto de exagero tinham as apreensões da população branca da cidade, e acompanhar o cotidiano dessa interação entre a *Corte* e a *Cidade*. São inúmeros os registros de escravos e libertos, negros ou mestiços, presos por pequenos furtos, fugas, embriaguez, envolvimento em desordens, jogando casquinha ou capoeira, com a navalha aberta, na rua do Ouvidor ou no Largo do Paço, os principais espaços de sociabilidade da *Corte*. As *duas cidades* não tinham fronteiras físicas. Sobrepunham-se, tocavam-se e interpenetravam-se. O que fica expresso nas palavras de Malerba, referindo-se especificamente aos negros:

> A Corte teve de conviver com esses novos figurantes, já conhecidos no reino, mas lá não tão numerosos nem nus como os que andavam por aqui. Os relatos dos viajantes são repletos de menções a essa presença exótica — como exótico certamente seria para os pretos recém-chegados, sobreviventes da travessia desde a África, aqueles brancos e mestiços apavonados, portando quentíssimas casacas azuis e encarnadas, agalonadas de dourados e prateados, chapéus emplumados e perucas empoadas.[350]

A Cidade negra

Indefectível nas pranchas de Debret que retratam os negros nos seus afazeres cotidianos pelas ruas é a presença do guarda de polícia.[351] Por decreto de 13 de maio de 1809 foi criada a *Divisão Militar da Guarda Real da Polícia*, cujo comandante estava subordinado ao governador das Armas da Corte e ao intendente

---
[350] MALERBA, *A Corte no exílio*, p. 140.
[351] Ver figuras 7 e 10.

geral de Polícia.[352] Thomas Holloway nos informa que, tal como a Intendência de Polícia, a Guarda Real também era a réplica de uma instituição existente em Lisboa. Seu primeiro comandante, o coronel José Maria Rebello de Andrade, servira na congênere portuguesa e viera para o Rio de Janeiro acompanhando a Família Real.[353] Autorizada originalmente a manter uma força de 218 homens entre oficiais e soldados, divididos em uma companhia de Cavalaria e três de Infantaria, conforme informa o padre Luís Gonçalves dos Santos,[354] a Guarda Real nunca alcançou sequer metade desse total, contando com apenas 75 homens em 1818. Falando sobre suas atribuições, diz o padre que: "à vigilância deste corpo militar foi cometida a tranqüilidade pública, a coibição dos contrabandos, a sen-

---

[352] Segundo o regimento que a criou: "O Comandante desta Guarda será sujeito ao Governador das Armas da Corte, de quem receberá o Santo [sic] todos os dias, e ao intendente geral da Polícia para a execução de todas as suas requisições e ordens, que irá em pessoa receber todas as manhãs, sendo obrigado a dar a um e a outro parte de todos os sucessos e novidades que tiverem acontecido no dia e noite precedente, além daquelas que deve dirigir ao Ministro de Estado dos Negócios da Guerra e ao dos Negócios do Brasil, que o é também da Fazenda." Arquivo Nacional. Polícia da Corte. Códice 327, vol. 1, f. 164v.
[353] HOLLOWAY, T., *Polícia no Rio de Janeiro*, p. 47.
[354] SANTOS, L. G. dos. *Memórias para servir à história do reino do Brasil*, tomo 1, p. 236.

tinela noturna da cidade, a extinção dos incêndios, e outras muitas obrigações tendentes à boa ordem civil."[355] Dessa forma, a Guarda de Polícia era responsável por impor a ordem na cidade reprimindo crimes, evitando o contrabando e zelando pela segurança individual; notabilizando-se, segundo José Luiz Werneck da Silva, pela captura de escravos fugidos, destruição de quilombos como os do Morro de Santa Teresa (em 1823), prisão de capoeiras e perseguição aos *antros de feitiçaria* e aos candomblés do Catumbi.[356]

A crer na narrativa de John Luccock, a criação da Guarda Real de Polícia era uma necessidade premente na nova sede da Corte portuguesa. O comerciante inglês descreve um cotidiano de violência nas ruas do Rio de Janeiro, onde estava implícita uma crítica ao caráter dos habitantes da colônia portuguesa e à sua "falta de Civilização":

> Furtos ocasionais eram levados a efeito com atrevimento e ousadia (...). Por vezes o assassínio lhe vinha na trilha, sendo às vezes, praticado friamente por motivos

---

[355] Ibid., p. 236.
[356] SILVA, J. L. W. da. "O crescimento da cidade do Rio de Janeiro: De cidade colonial à Corte imperial — 1763-1831", p. 24. O Corpo da Guarda Militar de Polícia foi extinto pela Lei de 17 de julho de 1831. Ibid., p. 77.

menos urgentes que o de garantir uma presa, ou evitar a descoberta. A vida de um indivíduo do vulgo não valia dois dólares; por quantia menor que essa qualquer covarde podia empreitar um valente que a tirasse. Quando um corpo tombava na rua, mesmo que à luz do dia, o assassino saía andando e o povo o contemplava como se nada de mal houvesse feito e até mesmo abria caminho para sua fuga.[357]

Exagerada ou não a descrição de Luccock, o fato é que a documentação da polícia mostra um grande número de *desordens* provocadas por negros, escravos ou forros. Registros de furtos, fugas, provocação de arruaças por bandos de capoeiras, embriaguez, brigas, porte de armas como facas e comportamentos suspeitosos como ser encontrado dentro de casas e chácaras alheias. Uma análise da documentação da polícia pode nos servir como guia para a exploração dessa *Cidade* oculta por trás da pompa da *Corte* nas memórias oficiais do período, como a do padre Luís Gonçalves dos Santos. Da leitura dessa documentação fica clara que a principal preocupação da polícia era com o grande contingente de negros, fossem eles forros, escravos fugidos ou de ganho, que circulava pelo espaço público da cidade.

À medida que a cidade crescia, e com ela a demanda por serviços, muitos senhores colocavam os seus

---
[357]LUCCOCK, op. cit., p. 90.

escravos *ao ganho*. Esses escravos passavam o dia nas ruas alugando seus serviços, com a obrigação de entregar aos seus senhores uma quantia preestabelecida. Como explica Marilene Rosa: "Colocar ao ganho escravos deveria representar uma grande oportunidade de lucros, pois o senhor, além de livrar-se dos custos do sustento deste escravo, muitas vezes ainda era mantido pelo trabalho deste nas ruas da cidade."[358] Institucionalizado, esse sistema provia a subsistência não somente de muitos senhores, mas também de muitos escravos.[359] Diz essa

---

[358] SILVA, M. R. N. da. *Negro na rua: A nova face da escravidão*, p. 21. Essa autora chama a atenção para a diferença entre escravos de ganho e de aluguel: "(...) o escravo de aluguel tinha seus serviços oferecidos pelo proprietário, que estabelecia o tipo de trabalho e as condições de pagamento". Ibid., p. 89.

[359] Por um lado, esse escravo era, muitas vezes, a única fonte de renda de uma família pobre, como retratado por Debret (DEBRET, op. cit., vol. 2, prancha 34, p. 224 a 227). Por outro, esse sistema interessava também ao escravo, pois o que ele conseguisse além da quantia exigida pelo seu senhor lhe pertencia. Por isso, era malvisto qualquer comportamento ou inovação que privasse os escravos do seu trabalho. Essa foi uma das primeiras lições aprendidas por Luccock, como ele mesmo afirma, assim que chegou ao Rio de Janeiro: "No momento em que retirava a minha bagagem de bordo, entendi de carregar nas minhas próprias mãos um bacamarte de baioneta envolvido numa capa de lã. Não tinha ido longe, quando um senhor inteiramente desconhecido para mim fez-me parar, pedindo-me que entregasse o que eu estava carregando a um dos servos, acrescentando que não era direito privar os pretos do seu ganha-pão e que isso fazendo eu incorreria em grave risco" (LUCCOCK, op. cit., p. 75). Afirma Marilene Rosa que quando os mercadores começaram a usar carroças e cavalos, na década de 1850, os escravos protestaram, pois isso representava para eles uma perda. Receavam ser vendidos para as plantações (SILVA, M. R. N. da. *Negro na rua*, p. 95).

autora que ao senhor que colocava seu escravo *ao ganho* não importava como ele fazia para conseguir a quantia diária ou semanal estipulada nem se havia ultrapassado aquele limite. Esta atitude estimulava atos ilegais, pois os escravos, quando não conseguiam completar o valor da jornada, apelavam para os furtos ou para a prostituição.[360] Passando grande parte do tempo longe das vistas dos seus senhores, esses escravos envolviam-se, amiúde, em desordens, não só com a população branca, mas também com outros escravos.[361]

Espaço freqüentado quase exclusivamente por essa população, os chafarizes da cidade mereciam especial atenção da Guarda de Polícia, como explica Mary Karasch:

> O Rio tinha então um sistema de água arcaico que utilizava um aqueduto (os arcos) e grandes fontes públicas. (...) Uma vez que a maioria das casas, mesmo as dos ricos, dependia da água dessas fontes, uma das visões mais comuns do Rio era a de escravos esperando na fila da água ou carregando jarras e barris cheios na cabeça. Mas essas cansativas viagens em busca de água

---

[360]SILVA, M. R. N. da. *Negro na rua*, p. 88.
[361]Como afirma Carlos Eugênio Líbano Soares, rixas envolvendo cativos eram muito comuns, "traduzindo não apenas diferenças étnicas, mas também revelando a geografia escrava na cidade" SOARES, op. cit., p. 76.

davam-lhes muitas oportunidades para interagir com outros escravos — nem que fosse apenas ao disputar um lugar na fila.[362]

Os negros aguadeiros eram uma fonte potencial de desordem que preocupava a polícia. Por isso, são freqüentes os pedidos do intendente para que se reforçassem as guardas nos diversos chafarizes da cidade, visando a prevenção de desordens costumeiras. Na ordem do dia de 7 de fevereiro de 1814, ordena o intendente que

> (...) o Senhor Coronel da Divisão Militar da Guarda Real de Polícia, mandará imediatamente acrescentar mais 3 soldados à guarda dos Arcos da Carioca, para fazerem uma sentinela efetiva de dia e de noite no chafariz das Marrecas, não só para terem em sossego os escravos que ali vão buscar água, mas também para evitar os estragos que por vezes eles ali fazem, quebrando as rolas de cobre e os gatos de bronze dos tanques, tudo em prejuízo do público e da Real Fazenda.[363]

Dois anos depois, em ofício ao governador de Armas da Corte, datado de 24 de maio de 1816, o in-

---
[362]KARASCH, op. cit., p. 103.
[363]Arquivo Nacional. Polícia da Corte. Códice 749, f. 60v.

tendente pedia o reforço da Guarda em outro chafariz, ainda preocupado com as desordens promovidas pela população escrava:

> Illmo e Exmo Senhor, para se evitar tumulto de povo e mesmo desordens em um chafariz que a Intendência fez junto à Barreira de Santo Antônio, rogo a V.Exª, por bem do Real Serviço, haja de mandar estabelecer naquele lugar uma sentinela efetiva de Guarita, a maneira dos mais chafarizes, que pode ir ou da Guarda Principal ou mesmo da Guarda da Carioca, porque ambas ficam ali vizinhas.[364]

Mais um ano se passa e encontramos mais um ofício de Vianna ao governador de Armas da Corte (de 7 de março de 1817) com a mesma solicitação, pelo mesmo motivo, quase uma cópia do anterior: "Illmo e Exmo Senhor, para evitar tumulto de povo e mesmo desordens no chafariz que se construiu na Lagoa da Sentinela, se faz necessário que V.Exª haja de determinar para ali uma sentinela de guarita a maneira dos mais chafarizes."[365] Os reiterados pedidos de Vianna podem indicar que eles eram persistentemente ignorados. É o que se depreende do documento seguinte, de 29 de

---
[364] Arquivo Nacional. Polícia da Corte. Códice 326, vol. 2, f. 58v./59.
[365] Ibid., f. 80v.

janeiro de 1819, onde o intendente reclama a mesma guarda pedida dois anos antes no ofício anterior:

> Ill.mo e Ex.mo Senhor, querendo escusar uma guarda no chafariz do Lagarto, na Lagoa da Sentinela, que há tempos pedi a V.Ex.ª, tenho conhecido que, de modo algum, não se pode dispensar porque o Povo tem estragado as bicas e arruinado os tanques de madeira que provisoriamente se fizeram, de modo que em pouco tempo se torna sem efeito toda a obra que ali se fez de interesse público. Fica à disposição de V.Ex.ª, e do modo que entender melhor, ou mandar uma guarda de 3 soldados com um inferior, ou uma sentinela efetiva de dia e noite para a qual se fará casa de guarda e os arranjos precisos, e para esta mandarei uma guarita, até porque faz certo respeito naquele sítio que de noite é bastante solitário e sujeito a desordens.[366]

Na repressão às desordens provocadas por negros, escravos ou não, a repressão à capoeira (fosse a prática do jogo, as brigas entre bandos rivais ou seu uso para cometer crimes) foi uma preocupação que, juntamente com o *jogo da casquinha*, perpassou todo o período joanino, como se pode perceber da documenta-

---

[366] Arquivo Nacional. Polícia da Corte. Códice 326, vol. 3, f. 19.

ção da polícia.[367] Como afirma Líbano: "A capoeira representava uma parcela importante dos motivos de prisões de escravos, apesar de não ser, logicamente, o único."[368] Esse autor ressaltou também o aspecto da capoeira como forma de sociabilidade escrava: "A capoeira é mais um capítulo da história da recriação de uma sociabilidade escrava, partindo do comum exílio e das condições degradantes da grande maioria mantida no cativeiro."[369] Um ofício do intendente ao juiz do Crime do bairro da Candelária (20 de março de 1814) exemplifica essa preocupação e também informa como proceder na prisão de capoeiras:

---

[367] Em 9 de setembro de 1817 foram presos Domingos Cassange, escravo de José Jacintho, Antônio Ganguela, escravo de Joaquim Lopes, Jacinto Cassange, escravo de Antonio de Queiroz, Paulo Angola, escravo de Ignácio José, Antonio D^r [sic], escravo de Joaquim Francisco de Faria, Francisco Benguela, escravo do padre Francisco de Castro, Antonio Ganguela, escravo de Domingos Marcondes, "por estarem a jogar a casquinha no Largo da Sé". Receberam cada um como punição cem açoites e trinta dias de prisão (Arquivo Nacional. Polícia da Corte. Códice 403, vol. 2). Não foi possível identificar o que era exatamente esse jogo da casquinha, mas pela punição recebida pelos escravos no documento acima citado devia ser algo considerado muito grave devido ao seu potencial de desordem.
[368] SOARES, op. cit., p. 74. O autor chama atenção para o fato de a capoeira ser uma prática eminentemente negra e escrava nas primeiras décadas do século XIX. Disseminando-se entre mulatos e libertos apenas com o correr do século.
[369] Ibid., p. 58.

Agora acabo de ouvir que ontem, 19 do corrente, depois das 5 horas da tarde, *mesmo a hora em que S.A.R. por ali passava,* um rancho cevado de capoeiras com facas e paus, e com as fitas com que aqui costumam de vez em quando aparecer, travaram uma grande desordem e gritaria. E devendo ter parte desta novidade como procedida no seu bairro, V.M. ma não deu, e cumpre que agora tome uma informação por testemunhas disto, para verificar quem eles eram, pois que alguns poderiam ser ali conhecidos, escravos de quem, e que os faça logo prender, mandando-os para o Calabouço com esta indicação para serem logo açoitados, como por ordem tenho ali estabelecido. E fique a seu cargo, em domingos e dias santos, mandar postar por ali os seus meirinhos e gente de quadrilha para vigiarem unicamente sobre capoeiras, assim como por qualquer outra parte em que se possam achar, e só de dia, porque de noite não é costume que eles apareçam. Por esta inquirição pode conhecer se há algum no seu bairro, ainda que não estivessem nesta desordem, para serem presos mesmo em casa de seus senhores, ainda mesmo que se lhes não assinale fato próximo de bando em que andassem, pois os que são mais assinalados naquele faccioso bando já têm nome, e ainda sem aparecerem se indicam, e pelo povo se sabe quem são.[370] [grifos meus]

---

[370] Arquivo Nacional. Polícia da Corte. Códice 329, vol. 2, f. 164.

Logo no início do ofício de Vianna sobressai a proximidade entre a desordem existente nas ruas da cidade e a *Corte*. Como informa Líbano: "Paradoxalmente, a região mais próxima do Paço Real (de longe a área mais vigiada da cidade) era a mais visada pelas façanhas dos capoeiras."[371] João pardo, escravo do desembargador Luiz Pedreira do Couto Ferraz, foi preso em 4 de março de 1819 "por ser encontrado jogando capoeira na rua do Ouvidor e achar-se-lhe uma faca de ponta na mão".[372] Como venho ressaltando, *as duas cidades* não tinham limites físicos que as separassem.

Pelo ofício percebem-se também alguns dos sinais pelos quais eram reconhecidos os negros capoeiras. Portar fitas de cores, principalmente encarnadas e amarelas, instrumentos musicais ou simplesmente ser encontrado assobiando pela rua podia ser o suficiente para um negro ser preso por capoeira. Mathias Benguela foi preso, em 5 de maio de 1810, "por ser encontrado com um tambor a tocar";[373] enquanto João Ganguela foi preso, em 22 de agosto de 1814, por estar

---
[371]SOARES, op. cit., p. 176.
[372]Arquivo Nacional. Polícia da Corte. Códice 403, vol. 2, sem numeração de folhas.
[373]Ibid.

assobiando nas ruas às duas horas da madrugada.[374] A ordem era enviar para a prisão do Calabouço e ali aplicar o castigo de açoites, mesmo que o escravo não tivesse sido preso em flagrante por prática de capoeira. Bastava ser denunciado. Um negro capoeira podia receber de cem a trezentos açoites, mas, como informa Líbano, "duzentos açoites era uma punição média para aqueles tempos, e se percebe um aumento deste número à medida que a década de 1810 chega ao fim".[375] Sinal de que a capoeiragem adquire uma periculosidade crescente aos olhos dos encarregados de manter a ordem.

O grande envolvimento de negros em desordens e a necessidade de impor uma ordem à circulação dessa população no espaço público para que a desordem não atingisse a *Corte* levaram a uma atitude de prevenção freqüente das autoridades contra os negros de qualquer condição. A prática policial baseava-se, então, na *suspeição generalizada* contra os negros.[376] Esses po-

---

[374] Arquivo Nacional. Polícia da Corte. Códice 403, vol. 1, sem numeração de folhas. Como diz Carlos Eugênio Líbano: "Um elemento relevante da tradição elaborada pelos escravos capoeiras é o assobio. (...) Os policiais logo perceberam estes ardis e prendiam arbitrariamente qualquer um que fosse visto assobiando pelas ruas. Como a cabeçada, o assobio se tornou uma faceta exclusiva da capoeira escrava carioca." SOARES, op. cit., p. 80.
[375] Ibid., p. 78.
[376] Segundo Carlos Eugênio Líbano, o conceito é de autoria de Sílvia Lara, mas aquele autor não informa a referência bibliográfica. Ibid., p. 317.

diam ser presos e levados para o Calabouço por qualquer motivo: por serem encontrados "fora de horas", por "fazerem-se suspeitos" ou por estarem em "atitude estranha" são algumas das justificativas encontradas nos livros de registro de prisões da Guarda de Polícia.[377] Dessa forma, em 6 de agosto de 1812, José Benguela, escravo de Francisco de Tal, foi preso "por ser encontrado fora de hora e se fazer suspeito de fugido"; enquanto João Thomas, escravo de Félix Bento, e Antônio Moreira, forro, foram presos em 29 do mesmo mês e ano apenas "por se fazerem suspeitosos";[378] já Felippe de S. Tiago, crioulo forro, foi preso "por ser encontrado às três horas da madrugada parado na rua";[379] enquanto Agostinho José e Adão Rodrigues, também crioulos forros, foram presos "por serem encontrados, o primeiro com um garfo na mão, e o segundo, com um baralho de cartas".[380]

Uma vez no Calabouço, os negros eram utilizados como mão-de-obra para serviços e obras públicas. Em

---

[377] O que, como ressalta Líbano, "provocava conflitos crônicos com os proprietários dos escravos, privados de seus 'bens' por tempo indeterminado". Ibid., p. 79.
[378] Arquivo Nacional. Polícia da Corte. Códice 403, vol. 1, sem numeração de folhas.
[379] Ibid., registro de 30/9/1814.
[380] Arquivo Nacional. Polícia da Corte. Códice 403, vol. 2, 10/11/1819.

um ofício de 1813, o intendente informa ao ministro de Estado dos Negócios do Brasil, conde de Aguiar, quais eram esses serviços, dizendo que na prisão do Calabouço

> (...) se depositam os presos sentenciados às galés e obras públicas (...) precisando-se continuadamente ter ali de 150 a 180 homens para trabalharem na limpeza do Paço, libambos d'água, limpeza das Cavalariças Reais e do Regimento de Cavalaria do Exército, pipas d'água dos Regimentos, Passeio Público, Hospital Real e outros serviços semelhantes (...)[381]

Os *libambos* foram uma das criações mais duradouras da administração de Vianna à frente da Intendência de Polícia.[382] Eram grupos de negros que saíam às ruas acorrentados para a realização de serviços, principalmente o carregamento de água para os prédios públicos e fortalezas. Como diz Líbano, "os libambos logo se incorporaram à paisagem da cidade escrava".[383] Era comum a visão dessas filas de negros seminus e acorrentados circulando pela cidade. Tanto que sua

---

[381] Arquivo Nacional. Polícia da Corte. Códice 323, vol. 3, f. 145.
[382] Foram extintos apenas em 20 de junho de 1837, na administração de Eusébio de Queirós como intendente de Polícia. Cf. SOARES, op. cit., p. 497.
[383] Ibid., p. 447.

presença não deixou de ser notada por Debret, que os retratou em um momento de descanso (figura 10) e descreveu seu trabalho. "Empregam-se os forçados duas vezes por dia para abastecer de água as fortalezas, honrados com uma escolta, têm eles a prerrogativa de tomar conta das fontes e espalhar os negros vagabundos que aí se encontram sempre."[384] No desenho de Debret, como a descreve o próprio autor, a fila de negros descansa à porta de uma tabacaria vigiada pelo guarda de polícia que conversa com uma negra vendedora de legumes que carrega o filho à moda africana. Ao fundo, vê-se a passagem de outro libambo que regressa com uma provisão de água.

Debret registra outros dois castigos impostos aos escravos, e que podiam ser vistos com facilidade nas ruas do Rio de Janeiro (figura 11). No primeiro plano, vêem-se dois escravos usando o colar de ferro, e, ao fundo, outro carregando à cabeça um cepo de madeira preso com uma corrente. Ambos eram castigos aplicados em escravos recapturados após tentativa de fuga. Explica o pintor que o colar de ferro tinha vários braços "não somente para torná-lo ostensivo, mas ainda para [o negro] ser agarrado mais facilmente em caso de resistência".[385] Enquanto o cepo de madeira era um

---
[384]DEBRET, op. cit., vol. 2, p. 252.
[385]Ibid., p. 255.

castigo utilizado principalmente em crianças, como aparece no desenho de Debret. Essas formas de punição dos negros, que expunha pelas ruas da cidade seus corpos supliciados, eram exemplos das formas de visibilidade dessa *Cidade* que dividia o espaço com a *Corte*. Expressões, juntamente com as negras vendedoras ou os negros carregadores, daquela outra forma de sociabilidade que não era regida pelo comportamento de matriz européia que regia a vida na *Corte*.

A partir de 1816, outra pena se impõe aos escravos presos: o trabalho nas obras da estrada da Tijuca, iniciada naquele ano. Para esse serviço eram enviados principalmente aqueles presos por capoeira. Segundo Líbano, 61,3% dos escravos presos por capoeira que tiveram seu destino registrado foram remetidos para esse serviço.[386] Mas não só eles. Podemos encontrar alguns exemplos de negros escravos ou livres, condenados *à Tijuca* na documentação consultada. Sabino, escravo do coronel Antonio Manuel da Silva Sampaio, foi preso em 16 de junho de 1818 "por dar com uma navalha de barba no rosto do preto Torquato, escravo de Casemiro de Tal, de que resultou feri-lo, e lhe foi apreendida", e recebeu como pena trezentos açoites e três meses de Tijuca. Em 22 de novembro de 1820,

---

[386] SOARES, op. cit., p. 87.

Malachias Álvares, crioulo forro, foi preso "por se gritar contra ele pega ladrão, correndo com uma faca na mão, que deitou antes de ser preso", e recebeu como pena três meses de Tijuca.[387] Por se encontrar distante do centro urbano, essa punição servia para afastar da cidade aqueles presos considerados mais perigosos, como é o caso dos capoeiras. E também para resolver um problema com o qual se defrontava cotidianamente a Intendência de Polícia: a dificuldade em se arregimentar escravos de ganho ou de aluguel para trabalhar em obras fora da cidade.[388]

Aos olhos dos responsáveis pela manutenção da ordem, a desordem pode aparecer como característica dessa *Cidade*. Há que se ressaltar, porém, que essa desordem freqüentemente encontrada nas ruas pode ser

---

[387] Arquivo Nacional. Polícia da Corte. Códice 403, vol. 2, sem numeração de folhas.

[388] Já ressaltei que a maioria absoluta dos melhoramentos urbanos empreendidos na cidade nesse período foi feita com a indispensável mão-de-obra escrava (ver nota 129). Em ofício datado de 27 de junho de 1811, explica o intendente de Polícia ao ministro de Estado dos Negócios do Brasil, conde de Aguiar, que "é dificultoso encontrarem-se serventes para trabalharem voluntariamente em obras fora do centro da cidade porque, trabalhando eles dentro da cidade ganham o mesmo jornal e fazem serviços aos senhores de manhã, antes de irem para a obra, e nas duas horas de jantar. Estando fora, não podem fazer serviço algum pela dependência que têm de estarem cedo no serviço para não faltar ao ponto. Arquivo Nacional. Polícia da Corte. Códice 323, vol. 3, f. 55.

considerada, por outro olhar, mais antropológico, uma ordem própria daquela outra forma de sociabilidade, existente no Rio de Janeiro daquela época, que não é a da *Corte*. Aquela que venho denominando de sociabilidade da *Cidade*. Deve-se lembrar que também a *Corte* tinha sua desordem, expressa no comportamento no teatro. As *duas cidades* contêm, portanto, no seu interior, ordem e desordem. A polícia fazia o trânsito entre elas como difusora de civilidade, na *Corte*, e mantenedora da ordem, na *Cidade*, e de acordo com sua dupla natureza à qual já me referi no primeiro capítulo. Mas a polícia fazia também o trânsito entre os dois hemisférios, oscilando entre ordem e desordem também ela.

Como diz Thomas Holloway, uma conclusão que se pode tirar dos registros de prisão feitos entre os anos de 1810 e 1821 é que a Guarda Real "gastava a maior parte de seu tempo tentando manter na linha os escravos".[389] Porém, o grande contingente populacional negro, fosse ele escravo ou não, não era

---

[389] "A polícia também prendia ladrões e apartava brigas, mas seu forte era capturar escravos fugitivos, impedir que grupos de escravos e negros livres se reunissem nas ruas ou agissem de maneira que a patrulha policial considerasse suspeita, desordeira ou desrespeitosa, e apreender quaisquer instrumentos que pudessem ser usados como armas por essa mesma categoria de pessoas." HOLLOWAY, op. cit., p. 54/55.

o único responsável pelas desordens que ocorriam freqüentemente na *Cidade*, maculando o cotidiano da *Corte*.

A polícia e o mundo da desordem

No seu romance *Memórias de um sargento de milícias* (1854/1855), Manuel Antônio de Almeida recria a personagem histórica do comandante da Guarda Real de Polícia, Miguel Nunes Vidigal.[390] No seu livro, o major Vidigal é a encarnação da ordem na sua caçada implacável aos vagabundos, capoeiras, ciganos e todo tipo de desordeiros que circulavam pelo Rio de Janeiro joanino:

---

[390] Vidigal ingressou na milícia colonial em 1770. Em 1809, tinha a patente de major e serviu primeiro como ajudante, depois como segundo comandante da nova Guarda Real de Polícia. Foi promovido a general em março de 1822, quando se tornou o comandante da Guarda, aposentando-se em novembro de 1824. Os historiadores que se arriscaram a escrever a biografia de Vidigal basearam-se na descrição que dele fez Manuel Antônio de Almeida, tornando impossível separar o que é ficção e o que é fato nas informações sobre essa personagem (cf. HOLLOWAY, T. *Polícia no Rio de Janeiro*, p. 48 a 51; e SOARES, C. E. L. *A capoeira escrava*, p. 443). Como diz Oliveira Lima: "A tradição pinta o major aparecendo inesperadamente nos batuques, empolgando os vagabundos que, depois de castigados, eram levados a assentar praça, e rastejando admiravelmente os criminosos" (LIMA, O. *D. João VI no Brasil*, p. 156). A tradição a que se refere Oliveira Lima é Manuel Antônio de Almeida. Assim Vidigal é pintado em seu romance.

> Nesse tempo [o tempo do rei] ainda não estava organizada a polícia da cidade, ou antes estava-o de um modo em harmonia com as tendências e idéias da época. O major Vidigal era o rei absoluto, o árbitro supremo de tudo que dizia respeito a esse ramo de administração; era o juiz que julgava e distribuía a pena, e ao mesmo tempo o guarda que dava caça aos criminosos; nas causas da sua imensa alçada não haviam testemunhas, nem provas, nem razões, nem processo; ele resumia tudo em si; a sua *justiça* era infalível; não havia apelação das sentenças que dava, fazia o que queria, e ninguém lhe tomava contas. Exercia enfim uma espécie de inquisição policial.[391] [grifado no original]

É dessa forma, como encarnação da ordem na cidade, acompanhado sempre de uma companhia de granadeiros e armado com um chicote, que Vidigal prende os dois protagonistas do romance. Primeiro Leonardo Pataca, que participava de um ritual de feitiçaria na Cidade Nova, e depois seu filho homônimo, Leonardo, como vagabundo. Em torno das tentativas de libertação de Leonardo por sua madrinha, a Comadre, se desenrola um curioso episódio que conta com a participação do próprio major. A Comadre e sua amiga, D. Maria, uma senhora de posses (a única que aparece no romance andando de cadeirinha pelas ruas da

---

[391] ALMEIDA, op. cit., p. 47.

cidade e dando ordens a escravos), recorrem a Vidigal para pedir a soltura e o perdão de Leonardo, mas vendo que suas súplicas não surtiam efeito junto ao consciencioso policial, resolvem recorrer ao auxílio de Maria-Regalada, uma ex-prostituta que era um antigo amor da vida do Major. Como diz Manuel Antônio de Almeida: "O major era pecador antigo, e no seu tempo fora daqueles de quem se diz que não deram o seu quinhão ao vigário."[392] Diante da promessa de Maria-Regalada de ir morar com ele, Vidigal não só consente em soltar Leonardo como providencia para que ele receba o posto de sargento de milícias, que ostenta no título do romance.

Esse caso de ligação entre o representante maior da ordem na cidade e uma legítima representante da desordem é apenas um exemplo de uma dinâmica social que perpassa todo o livro de Almeida, e que Antônio Cândido classificou como uma *dialética da ordem e da desordem*. Segundo a interpretação de Cândido, na sociedade descrita pelo livro haveria "uma ordem comunicando-se com uma desordem que a cerca por todos os lados".[393] Seja o oficial de justiça que recorre a um capoeira para armar uma vingança; seja o mestre-de-cerimônias que freqüenta festas em casa de ciga-

---

[392]Ibid., p. 232.
[393]CÂNDIDO, A., "Dialética da malandragem". In: *Revista do Instituto de Estudos Brasileiros*, p. 77.

nos; seja mesmo o protagonista Leonardo que, ocupando uma posição central, oscila em seus amores entre uma moça de família, herdeira abastada, e a mulata Vidinha. Nas palavras de Antônio Cândido, essa dinâmica social apresentaria uma *correspondência profunda* com certos aspectos assumidos pela relação entre a ordem e a desordem na sociedade brasileira da primeira metade do século XIX. Todos os personagens circulam com naturalidade entre as esferas do lícito e do ilícito, lembrando o modo de formação das famílias, prestígios, fortunas e reputações no Brasil urbano daquela época.[394] A dialética da ordem e da

---

[394] Segundo Antonio Cândido, porém, deve-se tomar com reservas a idéia de que as *Memórias* são um panorama documentário do Rio de Janeiro joanino. Isso porque a introdução de elementos arquetípicos de cunho popular trazem o que há de mais universal nas culturas, puxando o romance para a lenda e o irreal, sem discernimento de uma situação histórica particular. Elementos arquetípicos exemplificados na caracterização de várias personagens, que são deixadas no anonimato e designadas apenas pela sua profissão ou parentesco com o protagonista (a *Comadre*, o *Compadre*, o *Tenente-coronel* etc.), o que os dissolve em categorias sociais típicas. É o caso também da caracterização do major Vidigal que, nas palavras de Cândido: "por baixo da farda historicamente documentada é uma espécie de bicho-papão, devorador de gente alegre" (CÂNDIDO, op. cit., p. 72). Mas, por outro lado, uma percepção do ritmo social, marcado por essa dialética da ordem e da desordem, puxa para a representação de uma sociedade concreta, historicamente delimitada, que ancora o livro e intensifica seu realismo. Como diz Cândido: "A universalidade quase folclórica evapora muito do realismo; mas, para compensar, o realismo dá concreção e eficácia aos padrões incaracterísticos" (CÂNDIDO, op. cit., p. 83). Dessa forma, em vez de classificá-lo como um *romance documentário*, Cândido prefere denominá-lo de um *romance representativo*.

desordem serviria de modelo explicativo tanto para o fictício quanto para o real:

> Ordem e desordem, portanto, extremamente relativas, se comunicam por caminhos inumeráveis, que fazem do oficial de justiça um empreiteiro de arruaças, do professor de religião, um agente de intrigas, do pecado do Cadete, a mola das bondades do Tenente-coronel, das uniões ilegítimas, situações honradas, dos casamentos corretos, negociatas escusas.[395]

Dessa forma, o que caracterizaria a sociedade seria a inter-relação, feita de conflitos e negociação entre os dois hemisférios (ordem e desordem) e os seus representantes, que convivem em um mesmo espaço, e que não podem se ignorar. O trânsito entre eles não sendo uma via de mão única, no sentido da imposição de uma ordem à desordem.[396]

---

[395] Ibid., p. 80.
[396] Segundo a interpretação que Antônio Cândido faz de *Memórias de um sargento de milícias,* o pólo da Ordem seria representado por aquilo que poderíamos denominar de setores médios urbanos (profissionais autônomos e funcionários públicos civis e eclesiásticos); enquanto o pólo da Desordem o seria pelos homens livres e pobres sem ocupação. Cândido chama a atenção para a ausência quase completa, no romance de Almeida, dos dois extremos sociais: nobres e escravos.

A história imita a arte. A documentação da Intendência Geral de Polícia registra uma série de desentendimentos entre o intendente Paulo Fernandes Vianna e o juiz do Crime do bairro de Santa Rita, José da Silva Loureiro Borges, mostrando que, assim como no romance de Manuel Antônio de Almeida, na prática cotidiana da polícia joanina ordem e desordem podiam ter uma convivência muito mais próxima do que o desejado.[397] O primeiro caso aparece em dois ofícios de Vianna dirigidos àquele juiz, datados de 9 e 10 de setembro de 1811. Neles Vianna trata daquilo que parece ser um caso de abuso de autoridade por parte de Loureiro Borges, que mandara afixar, por conta própria, um edital de proibição de armas, para o que ele não tinha autoridade.[398]

Esse seria um caso isolado se o abuso de autoridade por parte de Loureiro Borges não continuasse no ano seguinte, como se pode depreender de outros dois

---

[397] Confirmando a tese de Antônio Cândido acerca da representatividade daquele romance.

[398] Afirma Vianna no primeiro ofício, tentando fazer o juiz reconhecer os limites da autoridade do seu cargo: "Agora me dizem que V.M. fizera afixar um Edital para que ninguém tivesse armas em suas casas, e é preciso que V.M. me mande já uma cópia dele, e a ordem que teve minha para o pôr, por isso que deve saber que por si só os não pode pôr. A resposta deve ser já." Arquivo Nacional. Polícia da Corte. Códice 329, vol. 1, f. 89v.

ofícios do intendente àquele mesmo magistrado. Tratando agora de um caso mais grave: uma prisão indevida motivada, ao que parece, pela cobiça à mulher do próximo. O próximo, no caso, atendia pelo nome de Elias José dos Santos, que havia sido preso e espoliado por Loureiro Borges, como se percebe do ofício de Fernandes Vianna, datado de 14 de fevereiro de 1812:

> Na prisão que V.M. fez de autoridade própria a Elias José dos Santos, ficou-se V.M. com a besta em que ele ia montado, sela e seus arreios competentes, chapéu, botas e esporas e um lenço em que vinham embrulhados 54$200 réis. E tudo isto é preciso que V.M. mande aqui entregar nesta Secretaria, por isso que são coisas de que se não duvida, e aquela besta tem sido vista a trabalhar ao seu serviço.[399]

O motivo da prisão de Elias, ao que parece, foi uma mulata, da qual Loureiro Borges também se apropriou, e que Vianna pede a devolução em ofício curto e direto datado de duas semanas antes (31 de janeiro de 1812): "Mande V.M. já a minha presença uma mulata que estava no seu sítio de Jacarepaguá, e depois

---
[399] Ibid., f. 132v.

passou para outro do Engenho Novo, *por cuja causa foi preso Elias de Tal,* que assim preciso ao serviço de S.A.R."[400] [grifos meus]. Ordem reiterada no ofício de 14 de fevereiro: "V.M. nunca deu conta da mulata, ficando de apresentar, e eu já soube que até estava na sua chácara da Lagoa, o que sendo certo, repare que é isto outro absurdo em que tem caído quando ainda está pendente a ordem que teve para a apresentar."[401] Escondendo a mulata, fazendo-a peregrinar por suas diversas propriedades, Loureiro Borges tenta safar-se da ordem de apresentá-la ao intendente.

Pela documentação não é possível saber se a mulata era livre ou escrava, propriedade ou esposa do tal de Elias, ou mesmo se esse e o juiz do Crime apenas disputavam seu amor. O caso é que Loureiro Borges, magistrado responsável pela manutenção da ordem, oscila em direção à desordem, como as personagens do romance de Manuel Antônio de Almeida, no intuito de se apropriar da mulata. Na pessoa e nas atitudes de Loureiro Borges, mais uma vez os dois hemisférios se tocam e interpenetram. A documentação também não dá conta do desfecho do caso. E não temos como saber se a mulata foi realmente apresentada

---
[400] Ibid., f. 130v.
[401] Ibid., f. 132v.

ao intendente. Dos ofícios de Vianna, o que se percebe são os esforços do intendente em evitar o envolvimento em desordens daqueles que eram os responsáveis por coibi-las.

Se esse era o comportamento de um juiz do Crime, o que não se devia esperar de simples guardas de polícia? O comerciante inglês John Luccock faz uma crítica à atuação da Guarda de Polícia, ressaltando ser ela incompetente para garantir a segurança na cidade:

> É verdade que havia uns poucos soldados de polícia, postados em locais diversos, e era costume clamar pela sua ajuda sempre que alguém temesse perigo, ou testemunhasse agressão a terceiro. Achava-me eu bem próximo, certa vez que se lançou esse apelo, apreciando seus resultados. O homem de armas atendeu à convocação, mas levou tanto tempo ajustando sua espada, suas pistolas e cinturão e em seguida para inteirar-se do caso, que deu tempo bastante para que o culpado escapasse; uma vez isso feito, sentenciou: "Bem, agora posso ir-me".[402]

Os inúmeros pedidos de Vianna para que se aumentassem as sentinelas nos chafarizes da cidade para

---

[402] LUCCOCK, op. cit., p. 91.

evitar as desordens decorrentes do grande concurso de escravos não surtiam efeito quando os responsáveis por promover desordens eram os próprios guardas de polícia ou soldados da Tropa de Linha. Em ofício ao governador das Armas da Corte, tenente-general Vicente Antônio de Oliveira, de 16 de janeiro de 1819, Vianna se queixa do comportamento de alguns soldados do Quartel do Campo de Santana:

> Illmo e Exmo Senhor, a tropa dos diferentes batalhões que está aquartelada no mesmo quartel do Campo de Santa Anna tem feito, por vezes, desordens no chafariz ali vizinho, entrando de noite nos tanques, privando o uso das lavadeiras e dos animais que ali bebem água, trepando-se à beira dos tanques e praticando outros fatos que não são próprios para aquele lugar. Tudo isto é impedido pelo caixeiro do armazém que a Polícia tem vizinho ao Chafariz, ao que a tropa se opõe mesmo o ameaçando com pancadas, e devendo a sentinela que V. Ex.ª para ali determinou, impedir tais barulhos e desordens, caso nenhum faz. Não tenho a mais tempo representado a V.Ex.ª por esperar melhoramento, e não entender que isto continuaria. Na noite de 14 do corrente mês, a mesma tropa, cujos soldados não se sabe quem eles são fizeram o estrago que consta da parte inclusa. Isto pode se remediar determinando V.Ex.ª uma Guarda para ali, apesar da vizinhança do aquartelamento

e o Comandante dela vigiar de dia e de noite que os soldados não pratiquem mais o que têm feito, e não se metam nos tanques a lavar no princípio da noite, com o escândalo de muitas famílias que ali concorrem, e privando o uso das lavadeiras e os animais que ali concorrem a beber água.[403]

Cerca de um mês depois (em 13 de fevereiro de 1819), Vianna faz queixa semelhante, agora em ofício enviado ao comandante da Guarda Real de Polícia, brigadeiro José Maria Rebello de Andrade. Vianna inicia seu ofício informando que "no chafariz do Campo de Santa Anna é vedado lavarem-se animais do lado dos armazéns de materiais que ali há".[404] E diz que tal ordem era desobedecida apenas por um gênero de pessoas:

> Assim, se tem à risca observado com o povo e com a Tropa da Cavalaria do Exército, porém não se pode praticar o mesmo com os soldados de Cavalaria do comando de V.S., da 1ª Companhia, que não querem estar por esta ordem, e têm alguns levantado palavras com o feitor do armazém do Campo, devendo eles ser

---

[403]Arquivo Nacional. Polícia da Corte. Códice 326, vol. 3, f. 15.
[404]Arquivo Nacional. Polícia da Corte. Códice 327, f. 82v./83.

os primeiros que prontamente cumprissem as minhas ordens. Eis aqui V.S. como estão os seus soldados à vista da mais tropa."[405]

No mesmo ofício informa Vianna ao brigadeiro comandante da Guarda de Polícia que no Chafariz do Lagarto, no Catumbi, lavavam-se mais do que cavalos:

> Tenho mais a dizer-lhe que no chafariz do Lagarto se vai também estabelecer uma Guarda Militar para ali vedar desordens, e os soldados mesmo de Cavalaria do Quartel do Campo costumam ali de noite lavarem-se depois das oito horas, e entram seis e oito para dentro do tanque de madeira das bicas, e fazem um tal motim que decerto será dificultosa a conservação do mesmo tanque, que não pode ter resistência para sofrer dentro 6 e 8 homens. (...) É necessário V.S. tomar tudo isto a seu cuidado, mesmo para que se não diga que as ordens da Intendência não são cumpridas pela Tropa da Polícia, devendo ela ser a primeira que as deve executar.[406]

São inúmeros os ofícios relatando o envolvimento de militares dos mais diversos corpos estacionados na

---

[405] Ibid., loc. cit.
[406] Ibid., loc. cit.

Corte e de guardas da polícia em desordens dos mais variados tipos (brigas, furtos, agressões, homicídios etc.). Fatos que se repetem durante todo o período de permanência de Fernandes Vianna à frente da Intendência de Polícia. No livro de Ordens do dia da Guarda Real de Polícia da Corte,[407] registro feito em 31 de maio de 1814 afirma que "alguns soldados desta guarnição são encontrados fora de horas com facas, vagando e perpetrando insultos nas ruas desta Corte",[408] comportamento que era "tão indecente como criminoso ao decoro militar, e contrário a uma boa disciplina (...) não só infringindo as mais determinantes, e mais positivas leis de S.A.R., que proíbem o uso de tais armas, mas até oposto às ordens desta guarnição".[409]

Em 28 de fevereiro de 1811, Vianna oficiava ao juiz do Crime do bairro de São José, Luiz Joaquim Duque Estrada, tratando de um crime perpetrado em conjunto por militares e um guarda de polícia.

> Pela parte que inclusa remeto, do Comandante da Guarda Real de Polícia, por cópia, proceda V.M. a corpo de delito em Joaquina Rosa, que se acha na casa de

---
[407]Arquivo Nacional. Polícia da Corte. Códice 749.
[408]Ibid., f. 62.
[409]Ibid.

Thereza Maria do Espírito Santo, na rua do Alecrim nº 82. E igualmente no Capitão Joaquim José Leite de Carvalho, Boticário da Casa Real, que foram feridos pelo Sargento Jerônimo, do 1º Regimento de Linha, e soldado José Félix, ambos da 1ª Companhia de Granadeiros, achando-se nesta desordem o Sargento da Guarda Real de Polícia Francisco José de Almeida, que se supõe entrado na desordem. E depois proceda a uma exata devassa do caso, dando-me parte do resultado. O sargento e soldado do primeiro Regimento estão presos, e o outro solto.[410]

Já em dezembro de 1815 Vianna mostrava-se indignado com a continuação desse comportamento por parte dos guardas de polícia. Em ofício dirigido ao comandante da Guarda, em que manda prender o sargento José Jorge "por umas pancadas que deu sem razão alguma",[411] na rua do Ouvidor, afirma o intendente que "é coisa pasmosa que se não tenha podido conseguir de alguns indivíduos deste corpo o persuadirem-se que eles são criados para sossegar e não para promover desordens com que tanto se desacreditam".[412] Porém, tal fato é coisa menos difícil de se

---

[410]Arquivo Nacional. Polícia da Corte. Códice 329, vol. 1, f. 15v./16
[411]Arquivo Nacional. Polícia da Corte. Códice 327, f. 61v.
[412]Ibid.

explicar do que pensava o intendente. Segundo interpretação de Ilmar R. de Mattos, à polícia cabia a tarefa de conhecer esse *mundo da desordem*, de modo a circunscrevê-lo ou, em menor escala, incorporá-lo.[413] O conhecimento como condição de controle se desdobraria em medidas objetivando dar ocupação àqueles que eram julgados desocupados. Uma dessas medidas era o recrutamento desse contingente e seu alistamento compulsório nos corpos militares estacionados na Corte e na própria Guarda Real de Polícia.

É dessa forma que vemos em *Memórias de um sargento de milícias*, voltando da história à arte, o protagonista ser preso como desocupado e obrigado a sentar praça na Companhia de Granadeiros que acompanhava o major Vidigal. Outros exemplos aparecem na documentação consultada. Como no ofício do intendente

---

[413]Segundo Mattos, a cada um dos três *mundos* em que ele divide a sociedade imperial brasileira correspondia uma atitude diferente por parte da instituição policial. Dessa forma, cabia à polícia a tarefa de *ordenar o Mundo do Governo*, no sentido de regular as relações no interior da classe senhorial; *organizar o Mundo do Trabalho*, no sentido de garantir o controle e a reprodução da escravidão; e *conhecer o Mundo da Desordem*. MATTOS, I. R. de. "A instituição policial e a formação do Estado imperial". In: *A polícia e a força policial no Rio de Janeiro*, p. 82 a 133. Apesar de Mattos se referir a um período posterior ao tratado aqui, penso poder estender tanto a divisão social quanto a atitude da polícia frente a cada um dos três segmentos propostos por Mattos ao período joanino.

ao governador das Armas da Corte (de 25 de agosto de 1815): "Ill.mo e Ex.mo Senhor, remeto a V.Exª o preso Francisco José de Almeida, que pela sua conduta deve assentar praça de soldado em um dos regimentos de linha. E quando para isso não sirva, V.Exª fará obséquio mandá-lo recolher à cadeia."[414] O recrutamento desses elementos para compor a própria polícia, se por um lado garantia um conhecimento do mundo da desordem *a partir de dentro*, por outro, fazia com que a própria desordem penetrasse na polícia, resultando que a instituição mesma a qual incumbia ordenar, organizar e disciplinar, apresentava-se desordenada, desorganizada e indisciplinada.

Conflito e negociação: as irmandades de negros e sua Corte

Ao desembarcar no Rio de Janeiro, o cerimonial da Corte ou a devoção do príncipe regente (ou os dois juntos) determinavam que ele deveria ir em procissão à Sé agradecer pelo feliz termo de sua travessia do Atlântico. Naquela ocasião, a Sé estava instalada de forma "provisória" (desde 1737) na igreja da Irmandade de

---

[414] Arquivo Nacional. Polícia da Corte. Códice 326, vol. 2, f. 19v.

Nossa Senhora do Rosário e São Benedito dos Homens Pretos.[415] Fosse por ser uma igreja modesta, fosse por pertencer a uma irmandade de negros, o fato é que uma ida à igreja do Rosário não foi sequer cogitada por aqueles que preparavam a cerimônia de desembarque da Família Real. Para o *Te Deum* do estilo tinha sido preparada a igreja do Carmo, mas a exigência de que a cerimônia se fizesse na Sé, única e exclusivamente, fez com que as autoridades virassem a noite e parte do dia seguinte ornamentando com a pompa necessária para a ocasião a igreja dos negros.[416] A inevitável interação entre as *duas cidades*, que venho ressaltando, gerava fatos interessantes e curiosos como esse da catedral encontrar-se instalada numa igreja de negros.

---

[415] Desde que deixou a igreja de São Sebastião no morro do Castelo, no início do século XVIII, acompanhando o movimento de descida da cidade para a várzea, a Sé não teve mais uma sede própria. Entre 1705 e 1737, o cabido da Sé perambulou provisoriamente entre a igreja da Irmandade de São José e a da Santa Cruz dos Militares, até instalar-se na igreja do Rosário, onde permaneceu setenta anos, enquanto se faziam as obras de construção da Nova Sé, no Largo de São Francisco de Paula, que nunca ficou pronta. Por alvará de 15 de junho de 1808, D. João determina que a igreja de Nossa Senhora do Carmo passe definitivamente a servir de Sé Catedral e Capela Real. A esse respeito, ver AZEVEDO, M. de. *O Rio de Janeiro: Sua história, monumentos, homens notáveis, usos e curiosidades*, vol. 1, p. 77 a 96.
[416] Cf. SANTOS, op. cit., tomo 1, p. 176.

Fato que os organizadores da recepção do príncipe regente tentaram encobrir.

O espaço urbano do Rio de Janeiro era fortemente marcado pela presença de igrejas construídas por irmandades de leigos.[417] Diz Mariza Soares que no Rio de Janeiro foi principalmente após a descida do povoamento do Morro do Castelo para a várzea, a partir do século XVII, que se alteraram as formas de sociabilidade religiosa, antes organizadas em torno da igreja Matriz de São Sebastião. Então, os homens bons e suas famílias afastaram-se das ladeiras do Morro do Castelo e deixaram de comparecer às procissões noturnas naquela igreja para se reunirem nas capelas das irmandades. A partir de então, "é grande a movimentação dos moradores para a construção de novas capelas que dessem conta do fervor religioso, da variedade de devoções e da segmentação social de uma cidade em pleno crescimento".[418]

Hierarquia e precedência, valores constitutivos das sociedades do Antigo Regime, também estavam pre-

---

[417]Segundo Mariza Soares, a instituição de irmandades é típica da religiosidade barroca do século XVIII, caracterizada por uma grande participação de leigos que realizavam cerimônias religiosas em suas casas, nas capelas e igrejas por eles construídas. SOARES, M. de C. *Devotos da cor*, p. 133.
[418]Ibid., p. 135.

sentes na organização das irmandades. Fosse no interior de cada uma delas, fosse nas relações de umas com as outras ou com a administração eclesiástica. Dessa forma, havia irmandades exclusivamente de brancos, de negros e, também, de mulatos. Segundo Mariza Soares, na América portuguesa, em cada paróquia era instituída uma Irmandade do Santíssimo Sacramento, que era a preferida das elites da cidade. No Rio de Janeiro, a de São José era a das famílias mais ilustres. Os negros eram devotos de São Benedito e Nossa Senhora do Rosário, e os mulatos, de Nossa Senhora da Conceição.[419] As irmandades funcionavam, assim, como espaços de sociabilidade e instrumentos de expressão de solidariedade grupal e de integração e identidade social.[420]

As irmandades eram uma das poucas formas de associação permitidas aos negros pelo Estado português. Segundo nos informa ainda Mariza Soares, a igreja da Irmandade de Nossa Senhora do Rosário e São Bene-

---

[419] Ibid., p. 136.
[420] Quero ressaltar que não é minha intenção neste trabalho discutir exaustivamente a criação de irmandades nem a cristianização dos escravos, mas apenas ressaltar a presença das irmandades de negros e de suas festas na *sociabilidade da Cidade* e sua interação com o cerimonial da Corte. Para um aprofundamento daqueles dois temas, indico os livros aqui citados em notas.

dito dos Homens Pretos é inaugurada em 1725. Nos anos 1730 é criada, nessa mesma igreja, uma irmandade de pretos-minas devota a Nossa Senhora da Lampadosa. E, ainda na primeira metade do século XVIII, na igreja de São Domingos, outro grupo de pretos-minas cria a devoção ao Menino Jesus. Desde 19 de julho de 1700 estava aprovado o compromisso da Irmandade de Nossa Senhora da Conceição, composta de pardos libertos. A princípio alojada na catedral de São Sebastião, comprou para sede própria a ermida do hospício, conforme escritura de 9 de janeiro de 1729. Seis anos depois, começaram a construir um novo templo no lugar da antiga ermida, que só ficou pronto mais de cem anos depois.[421] Assim, já na década de 1740 a cidade possuía duas igrejas de propriedade de irmandades de negros e outra onde estava instalada uma irmandade de mulatos. Possuía ainda um grande número de pequenas irmandades e devoções, muitas delas sem documentação regularizada, que povoavam os altares das igrejas da cidade.[422]

Mariza Soares afirma que a justificativa para a criação das irmandades de negros é associada, freqüentemente, ao fato de os escravos serem abandonados por

---

[421] AZEVEDO, op. cit., vol. 1, p. 323 a 332.
[422] SOARES, M. de C. *Devotos da cor*, p. 139.

seus senhores depois de velhos e doentes, sendo seus cadáveres jogados nas praias e nas portas das igrejas. Os dois pilares de sustentação dessas agremiações religiosas laicas eram, tradicionalmente, a devoção e a caridade. No segundo quesito destacava-se, entre outros, o dever das irmandades, incluído em seus compromissos, de cuidar para que os seus membros tivessem enterros solenes. Dessa forma, a pompa fúnebre fazia parte da sua tradição cerimonial e, ao lado das festas dos oragos, expressava seu prestígio na sociedade. Mas ressalta a autora que o abandono dos cadáveres era praticado também pelas próprias irmandades, quando não dispunham de recursos para enterrar seus mortos.

Para o desempenho de suas funções de ajuda mútua, enterro de membros, pagamento de missas, realização de festas, construção e conservação dos templos ou dos altares, grande parte do dinheiro arrecadado pelas irmandades vinha do ganho dos irmãos. Assumia grande importância, dessa forma, a atividade dos escravos em suas horas livres, alugando sua força de trabalho, cultivando víveres para vender em mercados e tabernas, ou mesmo praticando atividades ilícitas como a venda de um bem furtado.

A participação em uma ou mais irmandades era uma das poucas vias sociais de acesso dos negros escravos à experiência da liberdade, ao reconhecimento social e à possibilidade de formas de autogestão, dentro do universo escravista. A obtenção de alguma respeitabilidade e prestígio entre a população negra, que o ingresso nas irmandades proporcionava, principalmente para aqueles que ocupavam cargos rituais e de direção, compensava a aplicação na irmandade das somas arduamente conseguidas na labuta diária. Porém, se por um lado essas associações eram um espaço de constituição de lideranças entre a comunidade negra e de reformulação de laços sociais desfeitos pelo tráfico, por outro, também serviam de instrumento de controle e apaziguamento das tensões entre senhores e escravos.

Suas mesas diretoras eram compostas por dois segmentos: os cargos executivos (juízes) e uma Corte eletiva com títulos de nobreza que remetiam às Cortes européias e africanas (reis, rainhas, duques etc.). Os primeiros se encarregavam da direção da irmandade, enquanto os reis encabeçavam agremiações chamadas *reinados, Estados imperiais* ou *folias*.[423] A prática de se eleger reis negros tinha sua origem no processo de cristianização do reino do Congo, a partir de seu rei, no final do século XV, estratégia diplomática ini-

---

[423] SOARES, M. de C. *Devotos da cor*, p. 154.

ciada ainda no reinado de D. Manuel (1495-1521).[424] Desde então, o ritual simbólico da embaixada do rei do Congo disseminou-se pelos domínios portugueses. Já no século XVI estava entre os costumes dos africanos em Portugal o de elegerem e festejarem reis. Enquanto na América portuguesa essa eleição existia, comprovadamente, desde o início do século XVII, ganhando força no século XVIII, e preservando-se dentro das irmandades de negros.[425]

Marina de Mello e Souza mostra que as eleições de reis negros eram uma forma de as comunidades negras se organizarem no contexto da sociedade escravista. Esses reis reforçavam a identidade comum de um grupo e podiam exercer o papel de intermediários entre o grupo que representavam e a sociedade senhorial, amortecendo atritos tanto internos quanto externos à comunidade que representavam. Por outro lado, diz ainda aquela autora, eles também podiam ter papel

---

[424]Sobre a cristianização do reino do Congo, ver SOUZA, M. de M. e. *Reis negros no Brasil escravista*, p. 52 a 76. Essa autora explica como a conversão voluntária dos congoleses foi resultado da compreensão particular que tiveram da chegada dos portugueses, vistos como emissários do mundo dos mortos.

[425]Segundo Lília M. Schwarcz, o primeiro registro de congadas na colônia data de 6 de junho de 1760, quando, na cidade de Santo Amaro, na Bahia, comemorava-se o casamento de D. Maria I de Portugal com o príncipe D. Pedro. SCHWARCZ, L. M. *As barbas do imperador*, p. 275.

de destaque na organização de levantes, tomando a frente de rebeliões. A autora resume da seguinte maneira a idéia por trás dessas eleições:

> As eleições de reis negros e as festas que celebravam estas eleições, criadas a partir do encontro entre culturas africanas e a cultura ibérica, e aceitas pelos senhores e agentes administrativos, foram um dos meios encontrados por grupos de escravos, forros e negros livres de se organizarem em comunidades, de alguma forma integradas à sociedade escravista. Nelas estavam presentes tradições comuns a todo o mundo banto, eventos da história de alguns povos específicos que foram incorporados como símbolos de africanidade, e elementos da sociedade portuguesa, reinterpretados à moda dos africanos e seus descendentes.[426]

A função principal do rei Congo e sua Corte eletiva era a coleta de donativos para a realização da festa do orago, momento máximo da vida da irmandade. Debret retratou uma cena de coleta de esmolas com a presença do rei e da rainha da folia da igreja da Irmandade de Nossa Senhora do Rosário no Rio Grande do Sul. O que sugere que era uma prática disse-

---

[426]SOUZA, op. cit., p. 155.

minada por todas as regiões da colônia portuguesa da América (figura 12).

Com esta finalidade, a *folia* podia sair à rua várias vezes por ano, de acordo com os recursos, a vontade dos reis e a permissão da Câmara. Além da eleição e coroação dos reis dentro da igreja da irmandade por ocasião da festa do orago, rainhas e demais membros da Corte, as congadas compunham-se ainda de cortejos de rua acompanhados de danças e cânticos, e de dramatizações nas quais eram apresentados enredos tematizando a conversão ao cristianismo, após embate armado com um exército de pagãos que enfrentava os soldados do rei Congo, representante do cristianismo. Mariza Soares afirma que no Rio de Janeiro, na segunda metade do século XVIII, várias folias percorriam os *campos da cidade,* e descreve o evento:

> Assim como a irmandade sai "incorporada", com suas capas e alfaias, também a folia é apresentada ao público em trajes especiais, com manto, coroa, cetro, bastão e vara. Os reis e as rainhas da folia não caminham sob o sol ou a chuva, havendo sempre quem lhes cubra a cabeça coroada com um grande guarda-sol, ao som de tambores e outros instrumentos.[427]

---

[427] SOARES, M. de C. *Devotos da cor*, p. 155.

Tais manifestações eram permitidas pela Câmara, mas, nos diz Rodrigo Bentes, o terreno da congada estava bem delimitado, e vivia permanentemente vigiado pela Guarda. Algumas vezes, segundo Mariza Soares, as *folias* eram proibidas de sair às ruas devido aos "excessos" que ocorriam. Segundo essa autora, apesar dos compromissos das irmandades recomendarem freqüentemente que ao fim dos cortejos fúnebres e festivos os irmãos retornassem em ordem para a igreja, "a volta, tanto dos enterros quanto das procissões, parece ser o momento da subversão da ordem".[428] O relato, como sempre um tanto exagerado, de Luiz Edmundo sobre a congada no século XVIII nos faz pensar no potencial de subversão da ordem e da hierarquia social que cercava o evento. Ocasião ansiosamente aguardada não só pelos negros e escravos, mas também pelos demais setores subalternos da hierarquizada sociedade colonial, a crer na descrição de Edmundo:

> Nunca se viu na rua tanto negro! (...) de envolta com mulatos de capote, com ciganos e moleques, a turbamulta dos quebra-esquinas, escória das ruas, flor da gentalha e nata dos amigos do banzé. (...) Nos interiores das casas,

---
[428]Ibid., loc. cit.

a famulagem, ouvindo fora o ruído das músicas, desencabrestada e candente, abandona o trabalho, deserta cozinhas, vara corredores, derribando móveis, batendo portas, saltando janelas, caindo na rua... Não há escravo que atenda a amo, que obedeça a senhor nesse minuto de desabafo e embriaguez.[429]

Como afirma Marina de Mello e Souza, "festa e desordem aparecem lado a lado",[430] por isso sempre houve uma divisão, entre as autoridades coloniais, entre reprimir ou permitir tais manifestações culturais:

De um lado estavam os que defendiam a repressão a qualquer ajuntamento de negros, geralmente em torno de tambores e danças cujo significado era impermeável aos agentes da sociedade colonial, vendo nessas ocasiões momentos potencialmente perigosos. De outro lado estavam os que achavam que a permissão para os negros praticarem suas festas e ritos contribuiria para extravasarem as tensões acumuladas no seu duro cotidiano de trabalho e retomarem a rotina com maior boa vontade.[431]

---

[429]EDMUNDO, L. *O Rio de Janeiro no tempo dos vice-reis*, p. 257.
[430]SOUZA, op. cit., p. 177.
[431]Ibid., p. 228.

A documentação da Intendência de Polícia pode nos auxiliar a perceber essa estreita ligação entre festa e desordem. Logo em 1809 (5 de abril), o intendente de Polícia, em ofício dirigido ao juiz do Crime do bairro de Santa Rita se queixa de uma desordem ocorrida na folia da igreja de Santa Ana:[432]

> Constando-me agora que o imperador do Espírito Santo de Santa Anna pôs na rua uma folia que já fez certa desordem, Vm^ce passe a indagar quais serão as pessoas que entraram na dita folia, que me consta serem homens, e não meninos como é costume, e os recolha todos à cadeia, dando-me parte depois de haver concluído a diligência que lhe fica muito recomendada.[433]

Devido às freqüentes desordens, as autoridades vão acabar proibindo o ajuntamento de grande número de escravos e sua saída à rua para a coleta de esmolas acompanhados de seus instrumentos musicais. Como afirma Mary Karasch: "A partir de então, a polícia

---

[432] Mariza Soares explica que na igreja de Santana a folia aparece sob a forma do Império do Divino, mas tratava-se de uma folia de negros (cf. SOARES, M. de C. *Devotos da cor*, p. 156.). Não se deve confundi-la com a festa do Imperador do Divino, que ocorria todos os anos entre a Páscoa e o Pentecostes e que era uma festa eminentemente de brancos.
[433] Arquivo Nacional. Polícia da Corte. Códice 323, vol. 1, f. 21v.

prendia todos os que apanhava dançando o 'batuque'. Durante algum tempo, as únicas exceções eram as procissões patrocinadas pelas irmandades de escravos, mas também elas acabaram proibidas."[434] Contribuirá para esse cerceamento das manifestações culturais dos negros a instalação da Família Real portuguesa, transformando a cidade em Corte. A explicação de Marina de Mello e Souza vai direto ao ponto:

> A chegada da família real ao Rio de Janeiro, em 1808, iniciou um processo de transformações entre as quais se incluiu o cerceamento de tradições da sociedade colonial, que passaram a ser vistas como incompatíveis com a cidade que abrigava a Corte portuguesa.[435]

Também Debret refere-se à transformação do Rio de Janeiro em Corte para justificar a proibição das congadas: "(...) com a presença da Corte no Rio de Janeiro, se proibiram aos pretos as festas fantasiadas extremamente ruidosas a que se entregavam em certas épocas do ano para lembrar a mãe pátria."[436] A partir de então, afirma Debret, "somente nas outras

---

[434]KARASCH, op. cit., p. 328.
[435]SOUZA, op. cit., p. 247.
[436]DEBRET, op. cit., vol. 3, p. 225.

províncias do Brasil se pode observar ainda a eleição anual de um rei, de uma rainha, de um capitão da guarda".[437] Baseada nessa afirmação de Debret, Mariza Soares conclui que as congadas teriam sido proibidas a partir de 1808.[438] O que parece ser desmentido pela documentação da polícia. Em 1813, um ofício do intendente de Polícia ao ministro de Estado dos Negócios do Brasil, conde de Aguiar, registra um conflito numa irmandade em torno da eleição do rei da nação Cassange, provando que até aquele ano essas eleições ainda ocorriam no Rio de Janeiro:

> Devo informar o requerimento incluso dos negros da Nação Cassange, em que dizem que, tendo eles eleito para seu Rei o preto liberto Joaquim Francisco, vivem no maior desgosto por se haver introduzido à força nesta dignidade outro preto, Christovão Pinto, que traz a gente daquela Nação inquieta, e se tem levantado com os bens e livros dela, pedindo que S.A.R. mande ao Juiz de Fora desta cidade que faça dar posse ao seu Rei eleito, que o intruso largue os bens e tudo que é da Nação para poderem continuar os seus brinquedos em tran-

---

[437]Ibid., loc. cit.
[438]"Apesar das constantes proibições, as folias continuam saindo às ruas até 1808, quando, segundo o próprio Debret, ficaram proibidas na Corte." SOARES, M. de C. *Devotos da cor*, p. 157.

qüilidade e sem a desunião que o dito Christovão Pinto lhes fomenta.[439]

Informa ainda o intendente, nesse mesmo ofício, que "todas as Nações de Guiné que aqui vivem nos cativeiros de seus senhores têm Reis e Rainhas anualmente eleitos".[440] Mary Karasch cita outro documento onde se registra que, em 1817, as danças patrocinadas pela irmandade do Rosário no Campo de Santana haviam sido proibidas por causa de desordens e bebedeiras, o que significa que às vésperas da Aclamação de D. João as congadas ainda eram praticadas no Rio de Janeiro.[441] O memorialista oitocentista Moreira de Azevedo afirma que os reis e as rainhas da Irmandade de Nossa Senhora do Rosário e São Benedito só deixaram de ser eleitos em 1820.[442] A confrontar com a documentação, essa parece ser a data mais plausível da proibição das congadas. Até esse ano, o que parece ter existido foi a proibição pontual de determinadas folias, como por ocasião da morte de D. Maria I, em 1816, quando o intendente de Polícia, por ofício ao

---

[439]Arquivo Nacional. Polícia da Corte. Códice 323, vol. 3, f. 154v a 156.
[440]Ibid.
[441]KARASCH, op. cit., p. 561.
[442]AZEVEDO, op. cit., vol. 1, p. 83.

comandante da Guarda Real de Polícia, proibiu a saída da Folia da Irmandade de Nossa Senhora do Rosário, em respeito ao luto:

> Ill.mo Senhor, julgo necessário participar a V.S. que não tenho concedido nenhuma licença para danças de nenhuma qualidade na presente festividade do Rosário, nem mesmo para as Guerras e Brinquedos que por esta ocasião costumam fazer os pretos das nações. E por isso, se alguns aparecerem, as suas patrulhas, que devem continuamente girar tanto de dia como de noite nestes três domingos, com prudência os façam recolher. E se houver reincidência ou teima, sejam presos, pois o luto em que ainda tão justamente estamos pede que se evitem divertimentos pelas ruas.[443]

A proibição definitiva das congadas, apenas em 1820, indica que o cerceamento das manifestações culturais provenientes da época colonial, mesmo as manifestações negras, não foi total. Confirmando minha argumentação de que coexistiam no Rio de Janeiro à época de D. João as duas formas de sociabilidade: a da *Corte* e a da *Cidade*. Indica, por outro lado, que a relação entre a *Corte dos brancos* e a *Corte dos negros*

---
[443] Arquivo Nacional. Polícia da Corte. Códice 327, f. 69.

não era baseada apenas na repressão. Explica Marina de Mello e Souza que em um quadro de ambigüidades e ameaças, medos e negociações, como era a vida em uma cidade em que quase metade da população era escrava, as práticas culturais dos escravos eram vistas pelos senhores, muitas vezes, como benéficas à consolidação do seu domínio, por servir como fator de arrefecimento das tensões cotidianas e por reforçar a separação entre o mundo dos brancos e o dos negros.[444] Como ressalta Jurandir Malerba:

> É curioso imaginar como se dava a coexistência de dois reis, com suas respectivas Cortes e Estados, ocupando um mesmo território. Claro está que em condições de argumentação bastante diferentes, mas a Corte dos brancos não podia prescindir da Corte dos pretos no sentido de apaziguar as tensões sociais, dificilmente contidas exclusivamente pelo imperativo das armas.[445]

---

[444]Cf. SOUZA, op. cit., p. 229. Afirma ainda essa autora que as rivalidades entre as diferentes etnias eram freqüentemente estimuladas com o intuito de enfraquecer a comunidade negra que se formava na América, unida pela situação de exploração e pelo processo de reconstrução de laços sociais, e de afastar o perigo de uma rebelião escrava. Ibid., loc. cit.
[445]MALERBA, op. cit., p. 143.

É dessa forma que vemos as manifestações culturais dos negros serem admitidas em festas da Corte ainda em Portugal. Essas festas, que serviam de reforço e ostentação do poder real, incorporavam manifestações culturais de povos subjugados pelo Império português (como negros e ciganos) como demonstração de sua grandiosidade e poder. Como por ocasião das comemorações do casamento de D. Maria (futura Maria I), em 1760:

> nas festas oficiais (...) negros apresentavam suas danças no âmbito da exaltação do poder real, introduzindo uma pitada de exotismo ao espetáculo e reafirmando o poder do Império português sobre territórios longínquos, incorporados à Coroa por meio de relações comerciais, diplomáticas e pela evangelização.[446]

No Rio de Janeiro, cidade negra, era imprescindível a continuação da prática de incorporar as manifestações dos *colonizados* às festas dos *colonizadores*. O que ocorreu, por exemplo, por ocasião das festivida-

---

[446] SOUZA, op. cit., p. 165. "Mas se a presença de africanos, exibindo seus costumes tradicionais, era saudada nas festas oficiais, quando se reuniam para folgar nos domingos e celebrar os dias santos (...) eram freqüentemente cercados pelos representantes da administração real." Ibid., p. 160.

des que se seguiram por três dias após o casamento do sobrinho do príncipe regente, D. Pedro Carlos de Bourbon e Bragança com D. Maria Tereza, filha daquele mesmo príncipe, em 1810, a crer no relato, eivado de etnocentrismo, do padre Luís Gonçalves dos Santos:

> Muitas danças de africanos de diversas nações concorreram ao Terreiro do Paço; vestidas, e enfeitadas ao uso do seu país natal, e ao som dos seus instrumentos estrepitosos, e bárbaros, aplaudiram, como puderam, e como lhes permitia o triste estado da sua rudeza, e escravidão, o feliz consórcio de Suas Altezas. Algumas vezes não se estimam as ofertas, e obséquios pela sua valia, ou pela representação dos que os fazem, porém sim, pelo amor, e afeto, com que são feitos; por isso Suas Altezas não se *dedignaram* [sic] de receber os humildes festejos dos escravos, sendo das janelas espectadores destas danças.[447]

A Corte e seu projeto civilizacional de matriz européia não podiam, enfim, ignorar a *sociabilidade da Cidade*, com suas formas e espaços próprios, já anteriormente existentes nesse espaço onde ela veio instalar-se. Sociabilidade essa que a cerca e a espreita a

---
[447] SANTOS, op. cit., tomo 1, p. 257.

cada esquina da nova capital do Império português, encarnada em corpos de escravos capoeiras armados de facas, homens livres e pobres uniformizados de guardas de polícia ou negros e mulatos paramentados como reis e rainhas, cercados pela sua própria Corte, para eles tão ou mais política e simbolicamente poderosa do que a dos monarcas que acabavam de chegar de Portugal.

Considerações Finais

A historiografia já consagrou o legado político da passagem de D. João pelo Rio de Janeiro. O período de seu reinado é reconhecido como o momento inicial do processo de separação política entre colônia e metrópole.[448] É necessário, porém, chamar a atenção para o seu legado cultural, para o caráter de "atualização" que a permanência da Corte trouxe à cultura da colônia. Não que a cultura na colônia fosse "atrasada" no seu período pré-D. João. Não podemos cair na tentação de repetir o pensamento etnocêntrico dos europeus de então. "Atualização" cultural é aqui en-

---

[448] A esse respeito, basta uma citação: "O fato em si da separação do reino em 1822 não teria tanta importância na evolução da colônia para império. Já era fato consumado desde 1808 com a vinda da Corte e a abertura dos portos e por motivos alheios à vontade da colônia ou da metrópole". DIAS, M. O. da S. "A interiorização da metrópole (1808-1853)". In: MOTA, C. G., *1822: Dimensões*, p.165.

tendida como aquela *reeuropeização* dos hábitos e costumes da população colonial, de que fala Gilberto Freyre. Responsável, segundo aquele autor, por abalar a força do patriarcado rural, traço mais característico da sociedade colonial, pelo desenvolvimento de uma cultura urbana fortemente influenciada pela cultura européia, *desorientalizando* os costumes dos colonos, e que vai perpassar todo o século XIX:

> As senhoras mais chiques penteando-se não mais à portuguesa, ou quase à oriental, mas à francesa, vestindo-se também à francesa, indo ao teatro ouvir óperas cantadas por italianas a quem os estudantes ofereciam *bouquets*, faziam discursos, dedicavam sonetos.[449]

Reeuropeização que na realidade era uma *europeização*, uma vez que a cultura na colônia não havia sido nunca antes *européia* em sua totalidade. Era, antes, uma formação cultural original, de forte influência oriental, indígena e africana, como procurei mostrar. Essa tentativa de fundação de uma "Europa possível" nos trópicos, recuperando mais uma vez a expressão de Afonso Carlos Marques dos Santos, tinha limites e contradições, expressos na sobrevivência daquelas outras influências. Apesar das quais se disseminará

---
[449] FREYRE, G. *Sobrados e mucambos*, p. 126.

uma cultura urbana de matriz européia, ao longo do século XIX, a partir da Corte do Rio de Janeiro, pelos principais núcleos urbanos da ex-colônia. Paradoxalmente, no momento mesmo em que a colônia começa a romper seus laços políticos com a Europa, têm reforçados os seus laços culturais com o Velho Mundo, naquilo que poderíamos denominar de um processo de *"recolonização cultural da colônia"*.

Sem ir tão longe quanto Freyre, e pregar a derrocada do patriarcado rural frente à sociedade urbana,[450] o que pretendi neste trabalho foi chamar a atenção para o papel fundamental que a instalação da Corte de D. João no Rio de Janeiro teve para a detonação daquele processo de *recolonização* ou *europeização* da cultura na colônia, processado a partir da nova capital do Império português. Expresso nas modificações implementadas no tecido urbano da cidade e nas novas formas e espaços de sociabilidade dos seus habitantes que tentavam banir do espaço urbano do Rio de Janeiro muito daquilo que se poderia considerar *tipicamente colonial*. É dessa forma que vemos no *período*

---

[450]Mesmo porque sabemos hoje, por um lado, que até a época em que escrevia Gilberto Freyre a população brasileira vivia em sua maioria na zona rural; e, por outro, que o patriarcalismo sobreviveu à transferência do homem do campo para as cidades. A esse respeito, basta a leitura do clássico de Sérgio Buarque de Holanda, *Raízes do Brasil*, contemporâneo à obra de Gilberto Freyre.

joanino a inauguração de instituições que impulsionam a difusão de uma cultura européia na colônia: um novo teatro de Corte, que dissemina o gosto pela ópera (como manifestação artística e espaço de sociabilidade); a Escola Real de Belas-Artes, cujas bases são lançadas a partir da vinda da Missão Artística Francesa e que, inaugurada em 1826, difunde o gosto pela arte e arquitetura neoclássica e caracteriza a cultura no Império do Brasil, durante o oitocentos. Além de outras instituições culturais, tais como o Jardim Botânico e o Museu de História Natural, que também passarão a fazer parte do cotidiano do Rio de Janeiro a partir de D. João.

O início do processo de europeização cultural que é uma grande herança de D. João deixada na antiga colônia vai se expressar no espaço urbano do Rio de Janeiro, principalmente a partir da segunda metade do século XIX, com a grande disseminação de palacetes de feições neoclássicas e afrancesadas. Legado arquitetural que, portanto, não se expressa significativamente durante o período de permanência de D. João no Rio de Janeiro e que, ainda por cima, a vitória do Modernismo, na década de 1930, juntamente com o Estado Novo (1937-1945), se encarregou de desqualificar. O movimento modernista, na sua busca pelas raízes culturais autenticamente nacionais, exerceu uma dura crítica à europeização cultural do século XIX, ao mesmo tempo que revalorizava a arquitetura colonial e a influência cultural do português, do indígena e do negro. A eleição, pelo Modernismo, do período colonial como as verdadeiras origens da nação brasileira, e o concomitante desprezo pela arte e arquitetura europeizadas do oitocentos e do início do século XX, vai se refletir no estabelecimento do Serviço do Patrimônio Histórico e Artístico Nacional (SPHAN) em 1937. Quando, liderado por notórios modernistas, como Rodrigo Mello Franco de Andrade, Mário de Andrade e Lucio Costa, serão tombadas cidades inteiras em Minas Gerais (Ouro Preto é o melhor exemplo), ao mesmo tempo que era "esquecida" a arquitetura neoclássica. Não é outro o motivo pelo qual, ao olhar hoje para o centro do Rio de Janeiro, a partir de Santa Teresa, identificamos facilmente exemplares de arquitetura modernista, mas nossa visão demora a se deparar com algum sobrado neoclássico, a maioria deles em ruínas.[451]

---

[451] Márcia Chuva chamou a atenção para como o privilégio dado à preservação da arquitetura colonial serviu, ao mesmo tempo, para a legitimação da arquitetura modernista. Para os modernistas, a arquitetura barroca do período colonial representava uma atitude "moderna" em face das linhas rígidas renascentistas. Dessa forma, com base em uma valorização do barroco colonial, o modernismo buscava também sua valorização e legitimação. Ao mesmo tempo que se determinava o tombamento da arquitetura colonial, ocorria o tombamento da arquitetura moderna concomitantemente à sua produção. Em 18 de março de 1948 foi tombado o Palácio Gustavo Capanema, cujo processo foi aberto em 1944, antes mesmo da sua inauguração oficial. Cf. CHUVA, M. R. R. "A arquitetura da memória nacional". In: *Os arquitetos da memória: A construção do patrimônio histórico e artístico nacional no Brasil* (anos 1930 e 1940), p. 384 a 442.

O Rio de Janeiro, capital do Brasil republicano, a partir de 1930, tinha que ser *modernista* como outrora, quando capital do Império, teve que ser europeu. Essa desqualificação pelos modernistas daquela herança do período joanino expressa, paradoxalmente, o maior legado de D. João, ou da instalação da Corte, para a cidade: tê-la feito assumir a condição de *síntese da nação e da nacionalidade*. A partir de 1808, o espaço urbano do Rio de Janeiro terá sempre que expressar o *projeto de nação* em voga. E ao longo da sua história terá que se adaptar todas as vezes que esse projeto mudar.

A princípio síntese do novo Império, ainda português e europeu, que se pretendia criar na América. Papel que, ao fim e ao cabo, cabia sempre às Cortes no Antigo Regime, como procurei mostrar. Realização de fato da imagem já expressa pelo vice-rei conde da Cunha (1763-1767) que, ainda no século XVIII, afirmava que "esta cidade (...) pela sua situação e porto deve ser a cabeça do Brasil".[452] Já então, a cidade era vítima de uma hipertrofia da sua função administrativa de ordenação da *região de mineração-escravista* no fragmentado espaço colonial. Rodrigo Bentes Monteiro nos fornece uma idéia clara de toda a *região* organizada a partir do Rio de Janeiro, no século XVIII:

---

[452]Apud, MATTOS, I. R. de. "Construtores e herdeiros". In: *Almanack Brasiliense*, p. 13.

Uma provisão de 1748 estabeleceu que os governantes da colônia do Sacramento, Rio Grande, Ilha de Santa Catarina e Santos seriam subordinados ao capitão-general do Rio de Janeiro. Portanto, de 1733 até sua morte em 1763, Gomes Freire acumulou os cargos de governador e capitão-general do Rio de Janeiro, com os de governador de Minas Gerais, de 1735 em diante, e de governador interino da capitania de São Paulo de 1737 a 1739, que foi subordinada a ele como comarca do distrito do Rio de Janeiro, de 1748 a 1763.[453]

A condição de *cabeça da nação* do Rio de Janeiro extrapolou, porém, sua condição de Corte. O que não escapou a Capistrano de Abreu, que, escrevendo uma década após a Proclamação da República, afirmaria a propósito da cidade que se tornara capital federal que,

> por ter sido uma vez cabeça, continua ainda e continuará muito tempo ainda, apesar da ameaça guaiana: se não foi aqui que primeiro se concebeu a idéia de uma nação, aqui pelo menos se realizou este sonho que bem de perto esteve de esvair-se como sonho.[454]

---

[453] MONTEIRO, R. N. B. *O teatro da colonização: A cidade do Rio de Janeiro no tempo do conde de Bobadela (1733-1763)*, p. 42.
[454] Apud, MATTOS, op. cit., p. 10.

Profético, Capistrano parecia prever que o Rio de Janeiro continuaria a exercer esse papel de *cabeça do Brasil, vitrine da nação, síntese da nacionalidade,* mesmo após perder o título de capital federal para Brasília, em 1960. A partir de então, tornou-se lugar-comum dizer que a cidade, apesar de perder sua condição de capital política, mantivera a de *capital cultural* do país. Condição constantemente reafirmada ainda hoje, mesmo em tempos de multiculturalismo, quando pensar em uma síntese para a nação se torna cada vez mais difícil (e até mesmo anacrônico), em ocasiões tais como, por exemplo, quando o anúncio de um grande *shopping center* da cidade afirma que "O Rio é a cara do Brasil".

Bibliografia

Fontes Manuscritas

Arquivo Nacional do Rio de Janeiro — Seção de Documentação Escrita (SDE)

Fundo documental: Polícia da Corte

Códice 323 — Registro da Correspondência da polícia — Ofícios da Polícia aos Ministros de Estado, Juízes do Crime, Câmaras etc. (volumes 1 a 5 — 1809-1820)

Códice 325 — Registro de Ofícios da Polícia para Várias Autoridades e Províncias (volumes 1 a 3 — 1808-1828)

Códice 326 — Registro de Ofícios Expedidos da Polícia para o Governo das Armas da Corte, Marinha e mais

Patentes Militares e Ordenanças (volumes 1 a 3 — 1811-1822)

Códice 327 — Registro de Ofícios da Polícia ao Comandante da Real e depois Imperial Guarda de Polícia (volume 1 — 1815-1831)

Códice 329 — Registro dos Ofícios e Ordens Expedidos aos Ministros Criminais dos Bairros e mais Ministros da Corte e Câmeras (volumes 1 a 5 — 1811-1824)

Códice 330 — Registro das Ordens e Ofícios Expedidos pela Polícia ao Juiz do Crime dos Bairros de São José, Santa Rita, Candelária e outros (volumes 1 a 4 — 1819-1823)

Códice 336 — Registro da Correspondência da Polícia com o Inspetor Geral das Obras da Intendência, Limpeza e Iluminação da Cidade (1825-1828)

Códice 337 — Registro dos Provimentos, Provisões, Portarias, Títulos etc. de Nomeação pelo Intendente Geral de Polícia (1808-1832)

Códice 355 — Livro das Despesas Relativas às Obras da Intendência Geral de Polícia (1829-1832)

Códice 403 — Relação de Presos Feitos na Polícia (volumes 1 a 3 — 1813 a 1826)

Códice 749 — Ordens do Dia da Guarda Real de Polícia da Corte (1809-1817)

Fontes Impressas

DEBRET, Jean Baptiste. *Viagem pitoresca e histórica ao Brasil*. São Paulo: Livraria Martins Editora, 1954, 3 vols.

LUCCOCK, John. *Notas sobre o Rio de Janeiro e partes meridionais do Brasil, tomadas durante uma estada de 10 anos nesse país, de 1808 a 1818*. Belo Horizonte: Itatiaia, 1975.

SANTOS, Luís Gonçalves dos. *Memórias para servir à história do Reino do Brasil*. Belo Horizonte/São Paulo: Itatiaia/Edusp, 1981, 2 vols.

Livros e Artigos

ALENCASTRO, Luiz Felipe de. "Vida privada e ordem privada no Brasil". In: _____ (org.). *Império: A Corte e a modernidade nacional*. São Paulo: Companhia das Letras, 1997. Coleção História da Vida Privada no Brasil, vol. 2, p. 11 a 93.

ALGRANTI, Leila Mezan. *O feitor ausente: estudos sobre a escravidão urbana no Rio de Janeiro — 1808-1821*. Petrópolis: Vozes, 1988.

——. "Famílias e vida doméstica". In: SOUZA, Laura de Mello e (org.). *Cotidiano e vida privada na América portuguesa*. São Paulo: Companhia das Letras, 1997. Coleção História da Vida Privada no Brasil, vol. 1, p. 83 a 154.

ALMEIDA, Manuel Antonio de. *Memórias de um sargento de milícias*. São Paulo: Editora Três, 1973.

ANAIS do *Seminário Internacional D. João VI: Um rei aclamado na América*. Rio de Janeiro: Museu Histórico Nacional, 2000.

ARAÚJO, Emanuel. *O teatro dos vícios: Transgressão e transigência na sociedade urbana colonial*. Rio de Janeiro: José Olympio, 1993.

ARGAN, Giulio Carlo. "A Europa das capitais". In: *Imagem e persuasão: Ensaios sobre o barroco*. São Paulo: Companhia das Letras, 2004, p. 46 a 185.

ASSIS, Machado de. *Memórias póstumas de Brás Cubas*. Rio de Janeiro: O Globo/Klick Editora, 1997.

ÁVILA, Affonso. *O lúdico e as projeções do mundo barroco*. São Paulo: Perspectiva, 1994, 3ª ed., 2 vols.

—— (org.). *Barroco: Teoria e análise*. São Paulo/Belo Horizonte: Perspectiva/Companhia Brasileira de Metalurgia e Mineração, 1997. Coleção Stylus, vol. 10.

AZEVEDO, André Nunes. "A capitalidade do Rio de Janeiro: Um exercício de reflexão histórica". In: _____ (org.). *Rio de Janeiro: Capital e capitalidade*. Rio de Janeiro: Departamento Cultural/Nape/DEPEXT/SR-3-UERJ, 2002, p. 45-63.

AZEVEDO, Francisca L. Nogueira de. *Carlota Joaquina na Corte do Brasil*. Rio de Janeiro: Civilização Brasileira, 2004.

AZEVEDO, Manuel Duarte Moreira de. *O Rio de Janeiro: Sua história, monumentos, homens notáveis, usos e curiosidades*. Rio de Janeiro: Livraria Brasiliana Editora, 1969, 2 vols.

BALANDIER, Georges. *O poder em cena*. Brasília: Edub, 1982.

BICALHO, Maria Fernanda. *A cidade e o Império*. Rio de Janeiro: Civilização Brasileira, 2003.

BOURDIEU, Pierre. *O poder simbólico*. Rio de Janeiro: Bertrand Brasil, 2004, 7ª ed.

BURKE, Peter. *A fabricação do rei*. Rio de Janeiro: Zahar, 1994.

CÂNDIDO, Antônio. "Dialética da malandragem". *Revista do Instituto de Estudos Brasileiros*. São Paulo, nº 8, 1970, p. 67 a 89.

CAVALCANTI, Nireu. *O Rio de Janeiro setecentista: A vida e a construção da cidade da invasão francesa até a chegada da Corte*. Rio de Janeiro: Zahar, 2004.

CHUVA, M. R. R. "A arquitetura da memória nacional". In: *Os arquitetos da memória: a construção do patrimônio histórico e artístico nacional no Brasil (anos 30 e 40)*. Tese de doutorado apresentada ao curso de pós-graduação em História da Universidade Federal Fluminense. Niterói, 1998, p. 384 a 442.

COARACY, Vivaldo. *Memórias da cidade do Rio de Janeiro*. Rio de Janeiro: José Olympio, 1965. Coleção Rio 4 Séculos, vol. 3.

DIAS, Maria Odila S. "A interiorização da metrópole (1808-1853)". In: MOTA, Carlos Guilherme. *1822: Dimensões*. São Paulo: Perspectiva, 1972, p. 160 a 184.

EDMUNDO, Luiz. *O Rio de Janeiro no tempo dos vice-reis*. Rio de Janeiro: Conquista, 1957, 5 vols.

——. *A Corte de D. João no Rio de Janeiro*. Rio de Janeiro: Conquista, 1956, 3 vols.

——. *O Rio de Janeiro no tempo dos vice-reis*. Rio de Janeiro: Conquista, 1956, 3 vols.

ELIAS, Norbert. *O processo civilizador*. Rio de Janeiro: Zahar, 1993, 2 vols.

——. *Mozart: Sociologia de um gênio*. Rio de Janeiro: Zahar, 1995.

——. *A sociedade de Corte*. Rio de Janeiro: Zahar, 2001.

FALCON, Francisco José Calazans. *A época pombalina: Política econômica e monarquia ilustrada*. São Paulo: Ática, 1993.

FRAGOSO, João Luiz Ribeiro; BICALHO, Maria Fernanda; GOUVÊA, M. F. (org.). *O antigo regime nos trópicos: A dinâmica imperial portuguesa (séculos XVI-XVIII)*. Rio de Janeiro: Civilização Brasileira, 2001.

FRANÇA, Eduardo d'Oliveira. *Portugal na época da Restauração*. São Paulo: Hucitec, 1997.

FRANÇA, José Augusto. *Lisboa pombalina e o Iluminismo*. Lisboa: Livraria Bertrand, 1977.

FREYRE, Gilberto. *Ingleses no Brasil: Aspectos da influência britânica sobre a vida, a paisagem e a cultura do Brasil*. Rio de Janeiro: Topbooks/UniverCidade Editora, 2000, 3ª ed.

——. *Sobrados e mucambos: Decadência do patriarcado rural e desenvolvimento do urbano*. São Paulo: Global Editora, 2003, 14ª edição revista.

GEERTZ, Clifford. *Negara: O Estado-teatro no século XIX*. Lisboa/Rio de Janeiro: Difel/Bertrand Brasil, 1991.

——. "Centros, reis e carisma: reflexões sobre o simbolismo do poder". In: *O saber local: novos ensaios em antropologia interpretativa*. Petrópolis: Vozes, 2002, p. 182 a 219.

HOLLOWAY, Thomas. *Polícia no Rio de Janeiro: Repressão e resistência numa cidade do século XIX*. Rio de Janeiro: Fundação Getulio Vargas, 1997.

KARASCH, Mary C. *A vida dos escravos no Rio de Janeiro 1808-1850*. São Paulo: Companhia das Letras, 2000.

LE GOFF, Jacques. "Memória". In: *História e memória*. Campinas: Editora da Unicamp, 2003, 5ª ed., p. 419 a 476.

——. "Calendário". In: *História e memória*. Campinas: Editora da Unicamp, 2003, 5ª ed., p. 477 a 523.

LIMA, Oliveira. *D. João VI no Brasil*. Rio de Janeiro: Topbooks, 1996, 3ª ed.

LOWENTHAL, David. Como conhecemos o passado. In: *Projeto história: Trabalhos da memória*. São Paulo: PUC-SP, nº 17, novembro/98, p. 63 a 201.

MACEDO, Humberto Fernandes; NEVES, Lucia Maria Bastos Pereira das. *O Império do Brasil*. Rio de Janeiro: Nova Fronteira, 1999.

MACEDO, Joaquim Manuel de. *Um passeio pela cidade do Rio de Janeiro*. Rio de Janeiro: Livraria Editora Zelio Valverde, 1942.

MACEDO, Roberto. *História administrativa do Brasil*. Rio de Janeiro: DASP, 1964.

MALATIAN, Teresa. *Oliveira Lima e a construção da nacionalidade*. São Paulo: Edusc/Fapesp, 2001.

MALERBA, Jurandir. *A Corte no exílio*. São Paulo: Companhia das Letras, 2000.

MARAVALL, José Antonio. *A cultura do barroco: Análise de uma estrutura histórica*. São Paulo: Edusp, 1997.

MARTINS, Oliveira. *História de Portugal*. Lisboa: Guimarães & Cia. Editores, 1977, 17ª ed.

MATTOS, Ilmar R. de. "A instituição policial e a formação do Estado imperial". In: BRANDÃO, Berenice C.; CARVALHO, Maria Alice R. de; MATTOS, Ilmar R. de. *A polícia e a força policial no Rio de Janeiro*. Rio de Janeiro: Pontifícia Universidade Católica do Rio de Janeiro, 1981. Série Estudos nº 4, p. 3 a 177.

——. *O tempo Saquarema*. São Paulo: Hucitec, 1990, 2ª ed.
——. "O Rio de Janeiro e a experiência imperial". In: AZEVEDO, André Nunes (org.). *Rio de Janeiro: Capital e capitalidade*. Rio de Janeiro: Departamento Cultural/Nape/DEPEXT/SR-3-UERJ, 2002, p. 77-86.
——. "Construtores e herdeiros". In: *Almanack Brasiliense*. São Paulo, nº 1, maio de 2005, p. 8 a 26.

MAYER, Arno. *A força da tradição: A persistência do Antigo Regime*. São Paulo: Companhia das Letras, 1987.

MONTEIRO, Rodrigo Nunes Bentes. *O teatro da colonização: A cidade do Rio de Janeiro no tempo do conde de Bobadela (1733-1763)*. Dissertação de mestrado apresentada ao Departamento de História da Faculdade de Filosofia, Letras e Ciências Humanas da Universidade de São Paulo, São Paulo: 1993.
——. *O rei no espelho: A monarquia portuguesa e a colonização da América 1640-1720*. São Paulo: Hucitec, 2002.

MORAES, Rubens Borba de. *Livros e bibliotecas no Brasil colonial*. São Paulo: Secretaria da Cultura, Ciência e Tecnologia, 1979.
——. "A Impressão Régia do Rio de Janeiro, origens e produção". In: CAMARGO, Ana Maria de Almeida; MORAES, Rubens Borba de. *Bibliografia da Impressão Régia do Rio de Janeiro*. São Paulo: Edusp/Kosmos, 1993, vol. 1, p. XVII a XXXI.

NAVES, Rodrigo. "Debret, o neoclassicismo e a escravidão." In: *A forma difícil: ensaios sobre a arte brasileira*. São Paulo: Ed. Ática, 1996, p. 41 a 129.

NEVES, Guilherme Pereira das. *E receberá mercê: A mesa da consciência e ordens e o clero secular no Brasil, 1808-1821*. Rio de Janeiro: Arquivo Nacional, 1997.

NEVES, Margarida de Souza. "Uma escrita do tempo: memória, ordem e progresso nas crônicas cariocas". In: CÂNDIDO, Antonio (*et al.*). *A crônica: O gênero, sua fixação e suas transformações no Brasil*. Campinas/Rio de Janeiro: Editora da Unicamp/Fundação Casa de Rui Barbosa, 1992, p. 75 a 92.

NORTON, Luís. *A Corte de Portugal no Brasil: Notas, documentos diplomáticos e cartas da imperatriz Leopoldina*. Lisboa: Empresa Nacional de Publicidade. 1968, 2ª edição.

OBERACKER, Carlos. "Viajantes, naturalistas e artistas estrangeiros". In: HOLANDA, Sérgio Buarque de (org.). *O Brasil monárquico — o processo de emancipação*. São Paulo: Difusão Européia do Livro, 1965, tomo II, vol. 1, p. 119 a 131 (História Geral da Civilização Brasileira).

ORTIZ, Renato (org.). *Pierre Bourdieu*. São Paulo: Ática, 1994. Coleção Grandes Cientistas Sociais, vol. 39.

PANTALEÃO, Olga. "A presença inglesa". In: HOLANDA, Sérgio Buarque de (org.). *O Brasil monárquico — o processo de emancipação*. São Paulo: Difusão Européia do Livro, 1965, tomo II, vol. 1, p. 64 a 99 (História Geral da Civilização Brasileira).

PIMENTEL, Alberto. *A última Corte do absolutismo em Portugal*. Lisboa: Parceria A. M. Pereira Ltda., 1972, 2ª ed.

POLLAK, Michael. "Memória, esquecimento, silêncio". In: *Estudos históricos*. Rio de Janeiro: CPDOC/Fundação Getulio Vargas, v. 2, nº 3, 1989, p. 3-15.

——. "Memória e identidade social". In: *Estudos históricos*. Rio de Janeiro: CPDOC/ Fundação Getulio Vargas, vol. 5, nº 10, 1992, p. 200 a 215.

PRADO, J. F. de Almeida. *O artista Debret e o Brasil*. São Paulo: Companhia Editora Nacional, 1989. Coleção Brasiliana, vol. 386.

RAMA, Angel. *A cidade das letras*. São Paulo: Brasiliense, 1985.

REIS, José de Oliveira. "História urbanística do Rio de Janeiro". In: *Revista Municipal de Engenharia*. Rio de Janeiro: Prefeitura da Cidade do Rio de Janeiro, jan/dez 1990, nº 1-4, vol. XLI, p. 3 a 29.

ROCHA, Antônio Penalves (org.). *José da Silva Lisboa, visconde de Cairu*. São Paulo: Editora 34, 2001, p. 9 a 56.

ROSSI, Paulo. "Ricordare e Dimenticare". In: *Il passato, la memória, l'oblio: Sei saggi di storia delle idee*. Bolonha: Il Mulino, 1992, p. 13 a 34.

ROUSO, Henry. "A memória não é mais o que era". In: AMADO, Janaína; FERREIRA, Marieta de Moraes (org.). *Usos e abusos da história oral*. Rio de Janeiro: Fundação Getulio Vargas, 1996, p. 93 a 101.

SANTOS, Beatriz Catão Cruz. "O Rio de Janeiro nos espaços de Luiz Edmundo". In: *Rascunhos de História*. Rio de Janeiro: PUC-Rio, nº 8, 1994.

SCHWARCZ, Lília Moritz. *A longa viagem da biblioteca dos reis: Do terremoto de Lisboa à Independência do Brasil*. São Paulo: Companhia das Letras, 2002.

——. *As barbas do imperador: D. Pedro II, um monarca nos trópicos*. São Paulo: Companhia das Letras, 1998.

SCHLICHTHORST, C. *O Rio de Janeiro como é (1824-1826)*. Brasília: Senado Federal, 2000.

SILVA, José Luiz Werneck da. "O crescimento da cidade do Rio de Janeiro: de cidade colonial à Corte imperial 1763-1831". In: NEDER, Gizlene; NARO, Nancy; SILVA, José Luiz Werneck da. *A polícia na Corte e no Distrito Federal*. Rio de Janeiro: Pontifícia Universidade Católica do Rio de Janeiro, 1981. Série Estudos nº 3.

SILVA, Maria Beatriz Nizza da. *Cultura e sociedade no Rio de Janeiro (1808-1821)*. São Paulo: Editora Nacional, 1977.

——. *Vida privada e quotidiana no Brasil: Na época de D. Maria I e D. João VI*. Lisboa: Estampa, 1993.

SILVA, Marilene Rosa Nogueira da. *Negro na rua: A nova face da escravidão*. São Paulo: Hucitec, 1988.

SOARES, Carlos Eugênio Líbano. *A capoeira escrava e outras tradições rebeldes no Rio de Janeiro (1808-1850)*. Campinas: Editora da Unicamp/Centro de Pesquisa em História Social da Cultura, 2002.

SOARES, Mariza de Carvalho. *Devotos da cor: Identidade étnica, religiosidade e escravidão no Rio de Janeiro, século XVIII*. Rio de Janeiro: Civilização Brasileira, 2000.

SOUZA, Marina de Mello e. *Reis negros no Brasil escravista: História da festa de coroação de rei Congo*. Belo Horizonte: Editora da UFMG, 2002.

SÜSSEKIND, Flora. *O Brasil não é longe daqui: O narrador, a viagem*. São Paulo: Companhia das Letras, 1990.

WEHLING, Arno; WEHLING, Maria José C. de. *Formação do Brasil colonial*. Rio de Janeiro: Nova Fronteira, 1994.

Este livro foi impresso nas oficinas da
DISTRIBUIDORA RECORD DE SERVIÇOS DE IMPRENSA S.A.
Rua Argentina, 171 – São Cristóvão – Rio de Janeiro, RJ
para a
EDITORA JOSÉ OLYMPIO LTDA.
em dezembro de 2008

*

77º aniversário desta Casa de livros, fundada em 29.11.1931